新形式対応

TOEIC® L&R TEST
上級単語特急
黒のフレーズ

藤枝暁生

朝日新聞出版

特別協力 ——— 花田徹也

編集協力 ——— 渡邊真理子
株式会社 Globee
株式会社 秀文社

録音協力 ——— 英語教育協議会（ELEC）
東健一
Howard Colefield 🇺🇸
Emma Howard 🇬🇧
春田ゆり

もくじ

Column

簡単に自己紹介をさせていただくと、私は2007年3月から TOEIC® L&R TEST を100回以上連続して受験している、自他共に認める TOEIC マニアで、TOEIC 研究家です。この先も生きている限り TOEIC® L&R TEST の受験と研究を続けるつもりです。

本書執筆の経緯について少し触れます。私は独学で990点までたどり着き、その後、独学での経験を活かし、数多くの学習会やセミナーを開催してまいりました。そんな中で受講者から最も多く寄せられた質問や悩みは「どうやって語彙を増やせばよいのでしょうか?」というものでした。

そこで、TOEIC® L&R TEST に特化した単語本を独自に作れないかと思うに至り、約2年前から執筆の準備を始め、過去100回以上に亘る受験で得た情報を纏めた「Rabbit Note」をベースとして本書を作り上げました。まさしく多くの学習者の悩みを解決する「TOEIC 本番に出る単語集」です。

本書作成にあたっては、より完璧な内容を目指すべく、累計60万部を超える「TOEIC® TEST 文法特急シリーズ」の著者である花田徹也先生の手助けを仰ぎ、甚大なるご協力を賜りました。花田先生と先生のネイティブチームのお力で、本書はよりオーセンティックで実践的な学習書に仕上がったと確信しております。この場をお借りして、花田徹也先生に心より御礼申し上げます。

さて、本書のコンセプトについて詳しくお話しさせていた

だきます。本書は、「語彙力増強で読解スピードアップ！ 推測から即時理解へとチェンジ！」を目指しています。

　皆様は知らない単語に出会った時にどうしますか？ 辞書やインターネットが使えない状況下で、未知の単語や記憶が曖昧な単語に出会った時、それが日本語であれ英語であれ、自然と、前後の文脈からその未知語の意味を推測して読み進めるのではないでしょうか？ それは正しいアプローチです。しかしながら、その推測を挟むステップが、読解に時間がかかってしまう原因になっているのも事実なのです。

　ご存知の通り TOEIC® L&R TEST は時間に追われる忙しい試験です。未知の単語に出会った時に、ゆっくり時間をかけて推測している余裕はありません。では、どうすれば推測しなくてよいのでしょうか？ そうです。テストに出てくる単語を予め知っていて待ち構えていればよいのです。

　しかし、そうは言っても、どんな単語をどれだけ覚えればよいのか分からない。そうですよね？ だから、私がそれを用意しました。見出し語1,000個と、それに付随する派生語や関連語。TOEIC テスト本番に出る語彙ばかりです。

　見出し語のラインナップは、4,000語以上ある「Rabbit Note」から600点レベルの学習者が知っていると思われる基本的な易しい単語を思い切ってそぎ落とし、実際にテストに出る難しめの単語だけ厳選しました。

　本書は「上級単語特急」と銘打ってはいますが、600点レベルの学習者から990点狙いの学習者まで幅広く想定しています。何故、この広いスコアレンジを対象とできるのかについては、後述の「本書の使い方」をご覧ください。ご理解いただける筈です。

難しい単語を覚えるのは大変そうですが、実際はそれほどでもありません。何故なら難単語は、比較的多義語が少ないからです。日英対訳の1対1で覚えれば使える単語が多いため、覚える手間は少なくてすみます。見慣れていない分、馴染むのに少し時間がかかるだけです。

　確かに、覚えにくい単語もありますが、工夫を凝らしています。出会う回数を増やすことで長期記憶として定着するよう、既出の見出し語が時折、他の見出し語のフレーズの中にも登場するように意図的に仕込んでいます。また、コメント欄にも登場するように意図的に組み入れています。是非、単語との再会を楽しみながら覚えていってください。

　ここで大事なことをひとつ。この単語本には、実は続きがあります。本書は「上級単語特急」ですが、続編は「超上級単語特急」です。既に執筆に着手しており、2021年春の刊行を目指しています。特に、900点以上を連発したい人、990点を達成したい人には必携の書となる筈です。どうぞお楽しみに。

藤枝 暁生

　見開きの2ページにはそれぞれ10個の見出し語が並んでいます。幅広いスコアレンジの学習者に取り組んでいただくために、本書では過去の単語本にはない斬新な仕掛けがしてあります。

　これまでの単語本の多くは、前のページから後ろのページに進むにしたがって難しい単語が並ぶ章立てになっていますね。第1章が600点レベル、第2章が700点レベルという体裁です。本書ではそのような章立てにしていません。Round 1からRound 5までの各章に難易度の差はありません。Round 1からいきなり鬼単語が登場します。

　本書では、各ページに全ての難易度の単語が収録されています。ページの上1つ目から3つ目にAランクの単語、4つ目から6つ目にBランクの単語、7つ目と8つ目にCランクの単語、9個目と10個目にSランクの単語を配置しました。それぞれのランクのイメージは以下の通りです。

　　Aランク：600点から800点レベルの「やや難」単語

　　Bランク：800点から900点レベルの「難」単語

　　Cランク：900点から950点レベルの「超難」単語

　　Sランク：950点から990点レベルの「鬼難」単語

　単語力に自信のない方は、先ず見開きの各ページの上から3つまでを学習し、その下は一旦、飛ばして次のページに進んでください。上から3つまでで結構です。その勢いでとにかく最後のページまで走ってください。単語本でも文法本

Aランク	001	自由市場を支持する a------- a free market	advocate [ǽdvəkèit] 動 ～を支持する、主張する	動「支持す る」も重要 題 suppo
	002	かなり熟考してから after considerable d-------	deliberation [dilìbəréiʃən] 名 熟考、慎重	動 delibe 同 consid
	003	簡素だが洗練された装飾 a simple yet s------- decor	sophisticated [səfístəkèitid] 形 洗練された、精緻な	動 techni 「精緻な技
Bランク	004	鑑賞眼のある批評家 an a------- critic	appreciative [əpríːʃətiv] 形 鑑賞眼のある、感謝している	● be app る」も重要 動 apprec
	005	分かりやすい方法で in a c------- fashion	comprehensible [kàmprihénsəbl; kɔm-] 形 分かりやすい、理解できる	動 compr いこと」と 同 compr
	006	国内市場を支配する d------- domestic markets	dominate [dámənèit; dɔm-] 動 ～を支配する、優位に立つ	動 domin 動 domin
Cランク	007	曖昧な態度 an a------- attitude	ambiguous [æmbígjuəs] 形 曖昧な	同 ambig 同 obscu
	008	不一致に気づく notice a d-------	discrepancy [diskrépənsi] 名 不一致、食い違い	● TOEIC 入品との は誰も知
Sランク	009	断固とした拒絶 an a------- refusal	adamant [ǽdəmənt] 形 断固とした	● be ada らない」の 同 adama
	010	魅力的な物語 a c------- story	compelling [kəmpéliŋ] 形 魅力的な、説得力のある	● Part 5 ある難単 同 compe 究」

でも、歴史の本でも、とにかく一旦、最後のページまでたど
り着くことが大事なのです。それで一旦、終わったことにな
ります。

　これが終わったら、次は1個目から6個目までの単語を覚
えていってください。それが終わったら、今度は1個目から
8個目までの単語を覚えていってください。最後に、1個目か
ら10個目までの単語全部を覚えていってください。勿論、自
信のある方はいきなり10個目まで目を通していっていただ
いて結構です。

　他のやり方も勿論ありです。あまり単語力に自信がない方
でも、いきなり10個全てに目を通していく方法です。単語と

学習者の間には、理屈を超えた相性というものがあります。一度チラッと見ただけなのに覚えられる単語もあれば、何度見ても意味があやふやな単語もあるわけです。チラ見で覚えられる単語は、たとえSランクの単語でも先に覚えてしまいましょう。

　本書で使われている記号は以下の通りです。

動：動詞　　名：名詞　　形：形容詞　　副：副詞

前：前置詞　接：接続詞　※記号の色はグレーの場合があります

類：類義語　同：同義語　反：反意語　　関：関連語

例：用例

　本書は一見すると、上級者向けの、上級者のためだけの単語本だと思われるかもしれませんが、それは違います。知らない単語が多いということは、それだけ伸びしろがあることを示しています。本書は、初中級者が上級者との差を詰める絶好のチャンスを提供しています。

　多読や精読から語彙を増やしていくアプローチもありますが、本書のような単語本を使って単語そのものから集中的に語彙を習得していくアプローチもあってよいのです。

　さあ、語彙習得の旅の扉を開いてください！　本書を使って、無駄なく無理なく一直線に目標スコアを奪取しましょう！

本書の全ての見出語とそのフレーズは、TOEIC® L&R TEST の本番と同様のスピードで、プロのナレーターにより朗読されています。男性は米国の Howard Colefield さん、女性は英国の Emma Howard さんです。

　音声データ（mp3 データ）は、お手持ちのパソコンにより、朝日新聞出版の HP から無料でダウンロードできます。

https://publications.asahi.com/toeic/

Google などの検索エンジンで

朝日新聞出版　L&R 黒のフレーズ

と入力して検索してください。

　そのデータを、スマートフォンなどでお聞きになる場合は、iTunes などのメディアプレーヤーに音声データ（mp3 データ）を取り込み、同期してください。

　また、スマートフォンアプリで音声をお聴きになる場合は、次ページの案内をご覧ください。

　音声は、各フレーズについて「見出し語→日本語→英語フレーズ→英語フレーズ」の順で収録されています。また、英語のみをお聴きできる「見出し語→英語フレーズ→英語フレーズ」のファイルも用意しております。ぜひご活用ください。

スマートフォンで音声を聴く場合

AI英語教材アプリ
abceed（音声無料）

Android・iPhone 対応

スマートフォン
で簡単に
再生できます

再生スピードを
変えることが
できます

＊ご使用の際は、スマートフォンにダウンロードしてください

＊ abceed 内には本書の有料アプリ版もあります

＊ abceed premium は有料 です

　使い方は、www.globeejapan.com でご確認ください

https://www.globeejapan.com/

いざ、出陣!

Round 1

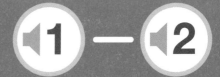

001 — 200

◀1 — ◀2

001

自由市場を支持する

a-------- a free market

002

かなり熟考してから

after considerable d--------

003

簡素だが洗練された装飾

a simple yet s-------- decor

004

鑑賞眼のある批評家

an a-------- critic

005

分かりやすい方法で

in a c-------- fashion

006

国内市場を支配する

d-------- domestic markets

007

曖昧な態度

an a-------- attitude

008

不一致に気づく

notice a d--------

009

断固とした拒絶

an a-------- refusal

010

魅力的な物語

a c-------- story

advocate 動 [ǽdvəkèit] 名 [ǽdvəkət, -kèit] **動** ~を支持する、主張する	名「支持者、提唱者」 類 support, champion
deliberation [dilìbəréiʃən] **名** 熟考、慎重	動 deliberate「熟考する」 類 consideration, reflection
sophisticated [səfístəkèitid] **形** 洗練された、精緻な	例 technically sophisticated products 「精緻な技術を用いた製品」
appreciative [əpríːʃətiv] **形** 鑑賞眼のある、感謝している	✖be appreciative of ~「~に感謝している」も重要 動 appreciate「~に感謝する、~を識別する」
comprehensible [kàmprihénsəbl | kɔ̀m-] **形** 分かりやすい、理解できる	✖comprehensive「包括的な」と混同しないこと 名 comprehension「理解 (力)」 動 comprehend「~を理解する」
dominate [dɑ́mənèit | dɔ́m-] **動** ~を支配する、優位に立つ	形 dominant「支配的な、優勢な」 副 dominantly「優勢に、顕著に」
ambiguous [æmbígjuəs] **形** 曖昧な	名 ambiguity「曖昧さ」 類 obscure, vague, unclear
discrepancy [diskrépənsi] **名** 不一致、食い違い	😊 TOEIC界では度々、請求書と実際の購入品との不一致が発生するが、そのくらいでは誰も驚かない
adamant [ǽdəmənt] **形** 断固とした	✖be adamant that SV「SがVだとして譲らない」の形も押さえよう 副 adamantly「断固として」
compelling [kəmpéliŋ] **形** 魅力的な、説得力のある	✖Part 5の正解の選択肢に登場したことがある難単語 例 compelling research「説得力のある研究」

011

匿名の作家

an a------- author

012

画期的な大発見

a revolutionary b--------

013

励みになる復興の兆し

e-------- signs of recovery

014

快適な住居を提供する

provide comfortable d-------s

015

～との関係を危険にさらす

j------- relations with ～

016

最重要である

be of p-------- importance

017

現状を悪化させる

a-------- an existing situation

018

強力な支援者であり続ける

remain a strong c--------

019

考えをはっきりと話す

a-------- an idea

020

鑑識眼のある芸術品収集家

a d-------- art collector

anonymous [ənánəməs|ənán-] 形 匿名の	😃 TOEICは匿名のアンケートも好きだ 🔤 anonymously「匿名で」
breakthrough [bréikθrùː] 名 大発見、飛躍的な進歩	✍「ブレイクスルー」という日本語としても定着しつつある
encouraging [inkɔ́ːridʒiŋ|-kʌ́r-] 形 励みになる、勇気づけられる	✍Part 5の品詞問題で出題される難単語 🔤 encourage「～を奨励する」
dwelling [dwéliŋ] 名 住居、居住施設	関 dweller「住人」 🔤 dwell「住む、居住する」
jeopardize [dʒépərdàiz] 動 ～を危険にさらす	名 jeopardy「危険にさらされること」 反 safeguard「～を守る、保護する」
paramount [pǽrəmàunt] 形 最重要の、最高の	🛏 確か、こんな名前のベッドがある 〈be of 抽象名詞〉＝〈be 形容詞〉の形も押さえよう
aggravate [ǽgrəvèit] 動 ～を悪化させる	✍deteriorate「悪化する」と一緒に覚えたい 名 aggravation「悪化、深刻化」
champion [tʃǽmpiən] 名 支援者、支持者	動「～を支持する」 類 supporter, proponent, advocate
articulate 動 [ɑːrtíkjulèit] 形 [ɑːrtíkjulət] 動 ～をはっきりと話す	形「はっきりと話す、明瞭な」 類 enunciate
discerning [disɔ́ːrniŋ, -zɔ́ːrn-] 形 鑑識眼のある	✍この難単語がPart5の正解に! 🔤 discern「～を理解する、識別する」

021

十分な英語運用能力

an a------- command of English

022

慈善活動に貢献する

contribute to a c------- cause

023

間違いを是正する努力をする

e------- to rectify the discrepancies

024

視界から消える

d------- from view

025

不朽の最高傑作を守る

preserve enduring m-------s

026

驚異的な成長を遂げる

achieve p------- growth

027

参加は義務である。

Attendance is c-------.

028

あなたの援助は私たちには不可欠です。

Your assistance is i------- for us.

029

ウイルスを根絶する

e------- a virus

030

手強い問題に直面する

face a f------- problem

adequate [ǽdikwət] 形 十分な、適度な	⊗「適切な」という意味もある adequate first aid「適切な応急処置」
charitable [tʃǽrətəbl] 形 慈善の	⊗リーディングセクションに頻出する 名 charity「慈善、慈悲、思いやり」
endeavor [indévər] 動 努力する	名「努力、試み」=attempt, effort, try いずれも to 不定詞と相性が良い
disappear [dìsəpíər] 動 消える	類 vanish 名 disappearance「消失、消滅、見えなくなること」
masterpiece [mǽstərpiːs] 名 最高傑作、名作	⊗「master-」に「最上の、卓越した、名匠の」などの意味があるので覚えやすい
phenomenal [finámənl｜-nɔ́m-] 形 驚異的な、現象の	類 exceptional, extraordinary, remarkable, outstanding
compulsory [kəmpʌ́lsəri] 形 義務的な、必須の	⊗It is compulsory to do「〜するのは必須である」の形も押さえよう 類 mandatory, obligatory, required
indispensable [ìndispénsəbl] 形 不可欠の、必須の	⊛ It is indispensable that SV(原形)「SがVすることは必須だ」の形も重要
eradicate [irǽdəkèit] 動 〜を根絶する	名 eradication「根絶、撲滅」 類 exterminate, abolish
formidable [fɔ́ːrmidəbl] 形 手強い、並大抵ではない	⊗「並外れて素晴らしい」という意味もある 例 a formidable lawyer「並外れて素晴らしい法律家」

031

豊富な資源

a------- resources

032

権限の委譲

d------- of authority

033

問題解決に役立つ

be i------- in solving the problem

034

非常に価値のある

be e------- valuable

035

注目に値する功績

a n------- achievement

036

素晴らしい城を復元する

restore a s------- castle

037

我々の雑誌に定期的に寄稿してくれる人

a regular c------- to our magazine

038

延々と続く経済不況

l------- economic recession

039

静かに熟考する

calmly c-------

040

その学校のイデオロギーを生徒に教え込む

i------- students in the school's ideology

abundant [əbʌ́ndənt] 形 豊富な	名 abundance「多量、豊富、潤沢」 an abundance of ～「あり余るほどの～」
delegation [dèligéiʃən] 名 委譲、委任	⊗「代表団、派遣団」の意味も重要 delegate にも「代表者、代表団」の意味が ある
instrumental [ìnstrəméntl] 形 役立つ、有益な	⊗「楽器用の」という意味もある 名 instrument「道具、楽器」
exceedingly [iksí:diŋli] 副 非常に、極めて	類 extremely, exceptionally, especially, tremendously 動 exceed「～を超える、上回る」
noteworthy [nóutwə̀:rði] 形 注目に値する、顕著な	⊗note「注目」+worth「～に値する」=「注 目に値する」
splendid [spléndid] 形 素晴らしい、見事な	🐼 ラテン語のsplendidus「光り輝く」が 語源 類 glorious, magnificent 名 splendor「豪華さ、輝き」
contributor [kəntríbjutər] 名 寄稿者、貢献者	🐼 TOEICでは「寄稿者」の意味が重要。 Part 6&7でよく出る
lingering [líŋgəriŋ] 形 延々と続く	⊗良い意味で使われることもあるが、TOEIC では悪い意味で使われることが多い 類 prolonged, long-lastingもTOEIC頻出
contemplate [kántəmplèit | kɔ́n-] 動 熟考する	⊗他動詞用法もあり、後ろに動名詞をと る contemplate doing「～することを熟考 する」 名 contemplation「熟考」
indoctrinate [indʌ́ktrənèit | -dɔ́k-] 動 ～に教え込む、吹き込む	🐼 この難しい単語がついにTOEICに…。 フレーズの前置詞 in は with になることも ある

041
ブランドの認知度を高める
raise brand a--------

042
最先端の医療機器
a c-------- medical device

043
ロンドンに本社を置く
be h--------ed in London

044
少し厄介な問題
slightly b-------- issues

045
旗艦店をオープンする
open a f-------- store

046
～する義務をはっきりと明記する
clearly s-------- the obligations to do

047
その解決策は実行不可能と考える
d-------- the solution impractical

048
啓発的な演説をする
deliver an e-------- speech

049
ロサンゼルスを LA と短縮する
a-------- Los Angeles as LA

050
明らかにより安全なソフトウエア
d-------- more secure software

awareness [əwéərnis] 名 認知度、認識	形 aware「気づいている」 be aware of〜「〜に気づいている」、be aware that SV「SがVであると気づいている」の形も重要
cutting-edge [kʌ́tiŋèdʒ] 形 最先端の	😊 cutting edge は「刃の先」。切れ味鋭いイメージから「最先端」を連想しよう 類 state-of-the-art
headquarter [hédkwɔ̀ːrtər] 動 〜の本社を置く	✕Headquartered in ○○, SV「○○に本社を置き、SはVである」という分詞構文の形で出まくる
bothersome [bɑ́ðərsəm | bɔ́ð-] 形 厄介な、面倒な	✕「-some」は語尾につくと形容詞になる 類 troublesome 動 bother「〜を悩ませる、困らせる」
flagship [flǽgʃip] 名 旗艦、最重要	✕「フラッグシップ」と日本語としても定着している 形「最重要の」
stipulate [stípjulèit] 動 〜を明記する、と規定する	✕stipulate that SV「SがVであると明記する」 法律、条例、契約書などのフォーマルな文書に使われる
deem [díːm] 動 〜と考える、見なす	✕SVOCの第5文型の形が重要。受動態で使われることも多く、また deem that SV「SがVであると見なす」の形もとる
enlightening [inláitniŋ] 形 啓発的な	形 enlightened「見識のある、賢明な」 動 enlighten「〜を啓発する」
abbreviate [əbríːvièit] 動 〜を短縮する	✕Listening&Reading もL&Rと短縮して使う。abbreviate A as Bの形で覚えよう
demonstrably [dimɑ́nstrəbli | -mɔ́n-, démən-] 副 明らかに、はっきりと	形 demonstrable「実証できる、明らかな」 関 demonstrative「説明的な、実証的な」 動 demonstrate「〜を実証する、証明する」 名 demonstration「実証、証明」

051

国際的に評価の高い画家

an internationally a------- painter

052

注文を迅速に処理する

e------- an order

053

仮説を立証する

validate a h-------

054

多国籍の複合企業体

a multinational c-------

055

メッセージを暗号化する

e------- messages

056

予想通り株価が急落した。

Stock prices p-------ed as anticipated.

057

急に立ち止まる

stop a-------

058

不適切な治療を避ける

avoid i------- treatment

059

断固としてSがVであると宣言する

declare e------- that S V

060

複雑な壁画を見る

view some i------- murals

acclaimed [əkléimd] 形 評価の高い	例 a critically acclaimed film「批評家絶賛の映画」も覚えておきたい 動 acclaim「~を賞賛する」
expedite [ékspədàit] 動 ~を迅速に処理する	❌ = to make a process or action happen more quickly ただ処理するのではなく「迅速に」がポイント
hypothesis [haipάθəsis | -pɔ́θ-] 名 仮説、前提	❌ 複数形は hypotheses となる 類 tentative theory
conglomerate [kənglάmərət | -glɔ́m-] 名 複合企業体	❌「コングロマリット」で日本語としても定着している。consortium「合弁企業、共同体」も併せて覚えておきたい
encrypt [inkrípt, en-] 動 ~を暗号化する	形 encrypted「暗号化された」 encrypted data「暗号化されたデータ」
plummet [plʌ́mit] 動 急落する	🐢 plumb「垂直の」から真っ直ぐ下に落ちるイメージ 名「急落」
abruptly [əbrʌ́ptli] 副 急に	❌ 何の脈絡もなく突然!というイメージで、suddenly に近い 形 abrupt「突然の」
inappropriate [ìnəpróupriət] 形 不適切な、不適当な	類 unsuitable, inadequate, improper 反 appropriate「適切な、適当な」
emphatically [imfǽtikəli] 副 強調して、断固として	形 emphatic「断固たる、力説する」 be emphatic about~「~について力説する」 動 emphasize「~を強調する、力説する」
intricate [íntrikət] 形 複雑な、難解な、入り組んだ	❌ アクセントに注意! 名 intricacy「複雑」 類 elaborate, complex, complicated

061

TVへの出演

an a-------- on TV

062

他人に対して思いやりがある

be c-------- of others

063

飛躍的に増加する

increase e--------

064

機密情報

c-------- information

065

クリスマスツリーを照らす

i-------- a Christmas tree

066

生産の全面的な再開

full r-------- of production

067

自信に満ちた態度

a confident d--------

068

興味深い出来事

i-------- events

069

記念碑に詩を刻み込む

i-------- a poem on a memorial stone

070

自然に消える

disappear s--------

appearance [əpíərəns] 名 出演	◉「外観」という意味も重要 the appearance of the building「建物の外観」
considerate [kənsídərət] 形 思いやりがある	◉considerable「かなりの、相当な」と混同しないこと
exponentially [èkspounénʃəli] 副 飛躍的に、急激に	◉exponent は数学の「指数」。指数は累乗を表すため「急激に」となる
classified [klǽsəfàid] 形 機密の、極秘の	圏 classified ad「求人広告」も頻出するので覚えておこう
illuminate [ilʃú:mənèit] 動 〜を照らす、明るくする	图 illumination「明るくすること、照らすこと、イルミネーション」
resumption [rizʌ́mpʃən] 名 再開、回復	圗 resume「〜を再開させる、再開する」 resume negotiations「交渉を再開する」
demeanor [dimí:nər] 名 態度、振る舞い	◉アクセント、発音に注意! 圛 manner, attitude, behavior
intriguing [intrí:giŋ] 形 興味深い、面白い	◉発音注意、イントリーギング! 圛 interesting 圗 intrigue「〜の興味をそそる」
inscribe [inskráib] 動 〜を刻み込む、掘る	◉超難単語! 類義語も超難単語! 圛 engrave, carve, imprint, sculpt
spontaneously [spɑntéiniəsli	spɔn-] 副 自然(発生的)に	◉「無意識に、衝動的に」という意味もある。自動詞と相性が良い難単語

071
ご不便の償いとして
as c------- for an inconvenience

072
実現可能な目標を設定する
set a f------- goal

073
入門書
an i------- book

074
認定を受けた代理人
an a------- agent

075
一括払いをする
make a l------- payment

076
重要なポイントを要約する
s------- the key points

077
基調演説で最高潮に達する
c------- with a keynote speech

078
従業員に参加を義務付ける
m------- employees to participate

079
非の打ちどころのない正確さ
i------- accuracy

080
決定をせず先延ばしにする
p------- instead of making a decision

compensation [kàmpənséiʃən | kɔ̀m-] 名 償い、補償	📌 TOEIC では「報酬、給与」の意味も重要 🔤 compensate「〜を補償する」
feasible [fí:zəbl] 形 実現可能な	🔤 viable, practicable 🔤 feasibility「実現可能性」
introductory [ìntrədʌ́ktəri] 形 入門の、最初の	🔤 an introductory paragraph「最初の一節」
accredited [əkréditid] 形 認定を受けた	🔤 authorized, certified, approved, licensed, recognized, official
lump-sum [lʌ́mpsʌ́m] 形 一括払いの	❖「分割払いで支払う」は pay in installments 📌 TOEIC 界では deposit「手付金」を払って、商品到着時に残金を払うことが多い
summarize [sʌ́məràiz] 動 〜を要約する、簡単に述べる	🔤 summary「要約、要旨、概略」 in summary「要約すれば、手短に言えば」
culminate [kʌ́lmənèit] 動 最高潮に達する、終わる	🔤 culmination「最高潮、絶頂」 🔤 climax「クライマックス=最高潮」
mandate [mǽndeit] 動 〜を義務付ける	❖ mandate that SV (原形)「SがVすることを義務付ける」の形もとる
impeccable [impékəbl] 形 非の打ちどころのない	🔤 flawless, faultless, perfect 🔤 imperfect「不完全な、欠点のある」
procrastinate [proukrǽstənèit] 動 先延ばしにする	😴 あまり良い意味には使われない。やりたくない、など後ろ向きの理由で先延ばしすること

29

081
雑誌の発行部数

c------- of magazines

082
必須の仕事

an i------- duty

083
意思決定のプロセスを合理化する

s------- a decision-making process

084
きちんとした社員

an o------- employee

085
問題のある状況に対処する

handle a p------- situation

086
素早く反応する

respond s-------

087
月次会議はその日、休会となった。

The monthly meeting a-------ed for the day.

088
細心の注意を払う

pay m------- attention

089
法外な金額を請求する

charge an e------- price

090
早すぎる引退

a p------- retirement

circulation [sə̀ːrkjuléiʃən] 名 発行部数	※「流通、循環」の意味もある circulation desk「図書館の貸出カウンター」
imperative [impérətiv] 形 必須の、不可欠の	※It is imperative that SV (原形)「SがVすることは必須である」の形も重要。 It is imperative to do の形もある
streamline [stríːmlàin] 動 ～を合理化する	形 streamlined「合理化された、スリム化された」
organized [ɔ́ːrgənàizd] 形 きちんとした、几帳面な	※ organized は、Part7の求人広告で求められる人物像
problematic [prɑ̀bləmǽtik	prɔ̀b-] 形 問題のある	※It is problematic that SV「SがVすることは問題がある」の形もある
swiftly [swíftli] 副 素早く、迅速に	形 swift「素早い、迅速な」 swift decision-making「迅速な意思決定」
adjourn [ədʒə́ːrn] 動 休会する	※minutes「議事録」などを隅々まで読むと出くわす単語
meticulous [mətíkjuləs] 形 細心の注意を払った	※show great attention to detail ということ 副 meticulously「細心の注意を払って」
exorbitant [igzɔ́ːrbətənt] 形 法外な、とんでもない	例 a life of exorbitant luxury「とんでもなく贅沢な生活」
premature [prìːmətʃúər	prémətʃùə] 形 早すぎる、時期尚早の	※pre「前」＋ mature「熟した」＝「熟成前」→「時期尚早の」となる

091

助言する役割

an advisory c--------

092

莫大な労力

an e-------- amount of labor

093

奉仕活動プログラムを起案する

draft an o-------- program

094

地元民に悪影響を与える

a-------- affect local residents

095

国内市場を独占する

m-------- the domestic market

096

残りの候補者と面接する

interview r-------- candidates

097

株価は絶えず変動する。

Stock prices f-------- constantly.

098

～から報酬を受け取る

receive r-------- from ～

099

誰か／人に援助を懇願する

i-------- someone for aid

100

幼少時代を思い出させる

be r-------- of a childhood

capacity [kəpǽsəti] 名 役割、立場	⊗「役割」の意味での類義語は role 「収容能力、容量、能力」の意味も押さえよう
enormous [inɔ́ːrməs] 形 莫大な、巨大な	類 huge, vast, massive, tremendous 副 enormously「非常に、大いに、莫大に」
outreach 名 [áutriːtʃ] 動 [àutriːtʃ] 名 奉仕活動、福祉活動	😊 動「手を差し伸べる」のイメージから「奉仕、福祉、救済」の意味が生まれた
adversely [ædvə́ːrsli] 副 不利に、逆に	形 adverse「逆の、不利の」 adverse weather conditions「悪天候」
monopolize [mənápəlàiz	-nɔ́p-] 動 ～を独占する	名 monopoly「独占（権）、専売（権）」 abolish a monopoly「独占を廃止する」
remaining [riméiniŋ] 形 残りの	⊗Part 5・6にもよく出題される 形容詞であることに注意 名 remainder「残り」
fluctuate [flʌ́ktʃuèit] 動 変動する	名 fluctuation「変動、上下」 fluctuation in customer demand「顧客需要の変動」
remuneration [rimjùːnəréiʃən] 名 報酬、給料	動 remunerate「～に報酬を与える」 類 compensation
implore [implɔ́ːr] 動 ～に懇願する	⊗implore 人 to do「（人に）～するよう懇願する」の語法もある
reminiscent [rèmənísnt] 形 思い出させる	⊗be reminiscent of～「～を思い出させる」 名 reminiscence「回想、思い出」もPart 7によく出る

101
著名な振付師
a d------- choreographer

102
正社員の職を獲得する
l------- a permanent job

103
骨が折れる努力をする
make p------- efforts

104
職人の技術の瑕疵が原因で
due to defects in a-------

105
魅力的な申し出
an i------- offer

106
やりがいのあるプロジェクト
a r------- project

107
薬の効き目
the e------- of a drug

108
返信は必須ではありません。
A reply is not o-------.

109
骨の折れる仕事
an a------- undertaking

110
専門用語を控えめに使う
use technical terms s-------

distinguished [distíŋgwiʃt] 形 著名な、際立った	例 distinguished achievement「際立った業績」 動 distinguish「～を区別する、識別する」
land [lǽnd] 動 ～を獲得する	類 obtain, acquire ※勿論、名詞の「土地」、動詞の「着陸する」という意味もある
painstaking [péinstèikiŋ] 形 骨が折れる、労を惜しまない	※pains「骨折り、苦労」をtake「得る」 →painstaking「骨が折れる」
artisanship [á:rtəzənʃip] 名 職人の技術、職人技	関 artisan「職人」、artistry「芸術性、芸術的才能」
inviting [inváitiŋ] 形 魅力的な、感じの良い	※invitingとinvitedの違いを押さえよう 関 an invited guest「招待された客」
rewarding [riwɔ́:rdiŋ] 形 やりがいのある	😄 とても前向きな意味の単語でTOEICとの相性が良い 動 reward「～に報いる」
efficacy [éfikəsi] 名 効き目、効能	※Part 5の誤答の選択肢によく出るefficiency「効率」と区別すること
obligatory [əblígətɔ̀:ri｜ɔblígətəri] 形 必須の、義務的な	例 an obligatory subject「必修科目」 動 obligate「(人)に義務を負わせる、義務づける」
arduous [á:rdʒuəs] 形 骨の折れる、困難な	類 laborious, burdensome, strenuous, demanding
sparingly [spéəriŋli] 副 控えめに	例 use salt sparingly「塩を控えめに使う」 ＝use less salt

111

観客を魅了する

f------- the audience

112

要点を説明する

i------- a point

113

旅費を払い戻す

r------- travel expenses

114

ほとんど信頼性のない情報

information of little c-------

115

嘆願を撤回する

withdraw a p-------

116

何年もの景気後退の後

after many years of r-------

117

慌ただしい生活を送る

live a h------- life

118

弁護士業務の補佐人を雇う

hire a p-------

119

現職の市長

an i------- mayor

120

声明を訂正する

r------- a statement

fascinate [fǽsənèit] **動** 〜を魅了する	形 fascinating「魅力的な」 類 enchant, captivate, charm
illustrate [íləstrèit, ilʌ́s-] **動** 〜を説明する	🍮 事例を用いて、あるいは何か図表を使って説明するイメージの言葉
reimburse [rìːimbə́ːrs] **動** 〜を払い戻す	💬 一旦、立替えた費用を精算すること 名 reimbursement「払い戻し、返済」
credibility [krèdəbíləti] **名** 信頼性、信憑性	形 credible「信用できる」← 反 incredible「信じられない」
petition [pətíʃən] **名** 嘆願、請願	動「〜を請願する、嘆願する」 petition 人 to do「(人)に〜するよう請願する」の形もある
recession [riséʃən] **名** 景気後退、不景気	類 depression, downturn 関 recess「休み、休憩、休会」
hectic [héktik] **形** 慌ただしい、忙しい	💬 Part 7でよく登場する。「都会の慌ただしい生活にうんざりしてる? 弊社のリゾートでリフレッシュしましょう」 類 very busy
paralegal [pæ̀rəlíːgəl] **名** 弁護士業務を補佐する人	💬 para-「補助、准〜」+legal「法を順守する人」=paralegal
incumbent [inkʌ́mbənt] **形** 現職の、在職の	名「現職者、在任者」 関 incumbency「現職の地位、在任期間」
rectify [réktəfài] **動** 〜を訂正する、是正する	🍮 Part 7の設問文に出てくる。設問文に知らない単語があると致命的なので、今、覚えよう

121

手頃な値段で

at an a------- price

122

電子媒体で申込書を送る

e------- send an application

123

環境汚染を減らす

decrease environmental p-------

124

労働力を削減する

d------- a workforce

125

おそらく時間的制約が原因で

p------- due to time constraints

126

経験豊富な女優

a s------- actress

127

拘束力のある契約

a b------- contract

128

しっかりした関係を築く

build solid r-------

129

楽しい雰囲気を演出する

create a pleasant a-------

130

大量のデータを巧みに扱う

m------- huge amounts of data

affordable [əfɔ́ːrdəbl] 形 手頃な、手が届く	類 reasonable 名 affordability「手頃感」 副 affordably「手頃に」
electronically [ilèktránikəli | -trón-] 副 電子媒体を使って、電子的に	😎 この単語を Part 7で見たら、「郵便ではなく手渡しでもなく online で」ということ
pollution [pəlúːʃən] 名 汚染、公害	✖ 具体的な汚染物質は可算名詞で pollutant「汚染物質」 動 pollute「〜を汚染する」
downsize [dáunsàiz] 動 〜を削減する	✖「小型化する」という意味もある 名 downsizing「人員削減、事業縮小」
presumably [prizúːməbli | -zjúːm-] 副 おそらく	形 presumable「ありそうな」 It is presumable that SV「おそらく S が V するだろう」の形もある
seasoned [síːznd] 形 経験豊富な、熟練した	✖「味付けした」という意味もある 類 experienced, practiced 関 seasonal「季節の」
binding [báindiŋ] 形 拘束力のある、義務的な	動 bind「〜を結び付ける、強制する」 類 obligatory, compulsory, mandatory, unbreakable
rapport [ræpɔ́ːr] 名 関係	✖ 通常 UC (不可算名詞) だが C (可算名詞) でも使われる。ただの関係を超えた親密な関係、信頼できる関係を意味する
ambience [ǽmbiəns] 名 雰囲気	✖ 特に、TOEIC 界のレストランは雰囲気が大事 類 atmosphere
manipulate [mənípjulèit] 動 〜を巧みに扱う、操作する	例 manipulate information「情報を操作する」などのように悪い意味でも使われる

131

エンジンの故障により

due to a m------- in the engine

132

ますます繁栄していく国

an increasingly p------- country

133

停滞した市場

a s------- market

134

演奏は休憩の後、再開した。

The performance c-------d following an intermission.

135

縮小する労働市場

a s--------ing job market

136

忘れられない経験

an u------- experience

137

慎重な決定を下す

make a d------- decision

138

現存の契約を無効にする

r------- the existing agreement invalid

139

刺激的な光景

an e------- scene

140

当たり前になる

become u-------

malfunction [mælfʌ́ŋkʃən] 名 機械の故障、誤作動	動「故障する、誤作動する」 A signal malfunctioned.「信号が故障した」
prosperous [prάspərəs | prɔ́s-] 形 繁栄している、成功している	動 prosper「繁栄する、成功する」 類 thriving, flourishing, prospering
stagnant [stǽgnənt] 形 停滞した	名 stagnancy「停滞」 類 sluggish, depressed
continue [kəntínjuː] 動 再開する	✖「継続する」の他に一旦中断していた状態から「再開する」という意味がある 類 pick up
shrink [ʃríŋk] 動 縮小する、縮む	反 expand「拡大する」 名 shrinkage「収縮、縮小」
unforgettable [ʌ̀nfərgétəbl] 形 忘れられない	例 You will enjoy an unforgettable dining experience!「忘れられなくなる食事をお楽しみください」のように出る
deliberate 形 [dilíbərət] 動 [dilíbərèit] 形 慎重な、意図的な	動「～を熟考する」 副 deliberately「慎重に、意図的に」
render [réndər] 動 ～の状態にする	💭 多義語だが、TOEICではこの意味でSVOCの形をとることが多い
exhilarating [igzílərèitiŋ] 形 刺激的な、爽快な	関 exhilarated「元気な、興奮した」 動 exhilarate「～を元気づける、陽気にする」
ubiquitous [juːbíkwətəs] 形 当たり前の、何処にでもある	🌐「ユビキタス」と日本語として定着している。present, appearing, or found everywhere「何処にでも存在する、現れる、見つかる」ということ

141
破産する
go b--------

142
何世紀にもわたってずっと繁栄する
continually f-------- for centuries

143
推薦状を依頼する
ask for a t--------

144
自然とうまく調和する
h-------- well with nature

145
容易に検索できるデータ
readily r-------- data

146
価値のある仕事をする
do a w-------- job

147
人前で話すことに熟練している
be a-------- at speaking in public

148
海外市場を精査する
s-------- the overseas market

149
美味しい食事を楽しむ
enjoy a d-------- meal

150
もっともらしい説明をする
make a p-------- explanation

bankrupt [bæŋkrʌpt] 形 破産した	名 「破産者」　動 「〜を破産させる」 名 bankruptcy 「破産」
flourish [flə́:riʃ｜flʌ́r-] 動 繁栄する	類 thrive, prosper 形 flourishing 「繁栄している」
testimonial [tèstəmóuniəl] 名 推薦状、証明、証明書	🌀 「お客様の声」という意味でも Part 7の Web文書に頻出する=comment
harmonize [háːrmənàiz] 動 調和する	名 harmony 「調和、一致」 the harmony of colors 「色彩の調和」
retrievable [ritríːvəbl] 形 検索できる、取り戻せる	動 retrieve 「〜を取り戻す、回復させる、思 い出す、検索する」
worthwhile [wə́ːrθhwáil] 形 価値のある	❎ worth 「〜の価値がある」と区別して覚え る be worth a visit 「訪れる価値がある」
adept [ədépt] 形 熟練した	類 skillful, expert, accomplished adopt 「〜を採用する」、adapt 「〜を適応 させる」と区別して覚える
scrutinize [skrúːtənàiz] 動 〜を精査する、注意深く調べる	類 examine carefully 名 scrutiny 「精査」
delectable [diléktəbl] 形 美味しい	名 「美味しい食事」 類 delicious, palatable, savory
plausible [plɔ́:zəbl] 形 もっともらしい	❎ Part 5の誤答の選択肢でよく見る 反 improbable, unlikely 「ありそうにない」

151

適度な利益を上げる

make a m------- profit

152

議事録を保管する

keep the p--------

153

精力的なキャンペーンを開始する

mount a v------- campaign

154

極めて重要な出来事

a p------- event

155

熱狂的な芝居好き

an enthusiastic t-------

156

身体の健康を維持する

maintain physical w-------

157

洞察力のある分析

an i------- analysis

158

途轍もない進歩を遂げる

make t------- advances

159

豪華なパーティーを開催する

throw a l------- party

160

Rabbit は正式に CEO として復職した。

Rabbit was officially r-------d as CEO.

moderate 形 名 [mádərət|mɔ́d-] 動 [mádərèit|mɔ́d-] 形 適度な、穏やかな	名「穏健な人」 動「司会を務める、~を穏やかにする、抑える」 関 moderator「仲裁人、司会者」
proceedings [prəsíːdiŋz] 名 議事録	◎単数形のproceedingは「進行、手続き、手順」 類 minutes, transactions
vigorous [vígərəs] 形 精力的な、丈夫な	◎語尾の「-ous」は形容詞をつくる 名 vigor「活力、力強さ」も頻出
pivotal [pívətl] 形 極めて重要な	例 be pivotal to~「~にとって極めて重要である」 名 pivot「ピボット、軸、中心、かなめ」
theatergoer [θíːətərgòuər] 名 芝居好き、芝居の常連	◎「名詞+goer」で「名詞好き、名詞の常連」になる。concertgoer「コンサート好き」
well-being [wélbíːiŋ] 名 健康、福祉	類 welfare, good health 関 be in good shape「体調が良い、元気である」
insightful [ínsàitfəl] 形 洞察力のある、本質をついた	名 insight「見識、洞察力」 insight into medieval architecture「中世建築に対する見識」
tremendous [triméndəs, trə-] 形 途轍もない、素晴らしい	副 tremendously「途轍もなく」 tremendously important「途轍もなく重要な」
lavish [lǽviʃ] 形 豪華な、贅沢な	動「~を気前よく使う、浪費する」 ❀ TOEICで lavish と言えば、それは食事やホテルやパーティーの描写
reinstate [rìːinstéit] 動 ~を復職させる、回復する	◎元の state「状態」に re「戻す」こと 例 reinstate a close rapport「親密な関係を回復する」

161
協力して働く
work c-------

162
激しい競争にもかかわらず
notwithstanding f------- competition

163
慈善事業
a charitable u-------

164
深い洞察力
p-------- insight

165
衛生基準
s-------- guidelines

166
難しい仕事に取り組む
t------- a challenging task

167
うらやむほどの多才
e-------- versatility

168
雑誌の定期購読を止める
u------- from a magazine

169
そのような歴史的な背景を考えると
given such a historical b--------

170
簡潔に要約する
summarize s-------

collaboratively [kəlǽbərèitivli] 副 協力して、共同して	形 collaborative「共同の」 in a collaborative effort with〜「〜と連携して」
fierce [fíərs] 形 激しい	😺「獰猛な、残忍な」という意味もあるが、TOEICには出ない
undertaking [ʌ̀ndərtéikiŋ] 名 事業、仕事	😺 かつて Part 6に突然現れ、議論の的となった単語
profound [prəfáund] 形 深い、広範囲の	✎ profound の1語だけで「造詣が深い、洞察力のある」といった意味もある
sanitation [sæ̀nətéiʃən] 名 衛生	例 areas with poor sanitation「衛生状態の悪い地域」
tackle [tǽkl] 動 〜に取り組む	✎ 勿論、ラグビーやアメフトの「タックル」の意味もある 類 address, handle, deal with, cope with
enviable [énviəbl] 形 うらやむほどの、うらやましい	名 envy「羨望、ねたみ」 関 be envious of〜「〜をねたんでいる」
unsubscribe [ʌ̀nsəbskráib] 動 定期購読を止める	✎ 他動詞もあるが、TOEICでは、unsubscribe from〜「〜の定期購読を止める」と自動詞の形で出る
backdrop [bǽkdrɑ̀p] 名 背景、状況	😺 プロレス技のバックドロップはTOEICには出ない
succinctly [səksíŋktli] 副 簡潔に	形 succinct「簡潔な」 a succinct explanation「簡潔な説明」

171
価格に交渉の余地はない。
The price is not n--------.

172
そのバウチャーはいずれの店舗でも換金できます。
The voucher is r-------- at any store.

173
持続可能な利益を得る
obtain s-------- benefits

174
法外な価格
an o-------- price

175
雑誌の読者数
r-------- of magazines

176
ほとんど全ての人々
v-------- all people

177
同時に起きる
occur s--------

178
外交官志望者
a w-------- diplomat

179
中世の大聖堂を訪れる
visit a m-------- cathedral

180
美味しい朝食を楽しむ
enjoy a s-------- breakfast

negotiable [nigóuʃiəbl] 形 交渉の余地がある	商品に「negotiable」の表示があったらディスカウントの余地があるということ
redeemable [ridí:məbl] 形 換金できる	反 non-redeemable, irredeemable「換金できない」もたまに出る
sustainable [səstéinəbl] 形 持続可能な	動 sustain「〜を維持する、支える」 名 sustainability「持続可能性」
outrageous [autréidʒəs] 形 法外な、過度な	「怒り狂った」という意味もあるが、TOEIC界では怒り狂った人はいない
readership [rí:dərʃip] 名 読者数、読者層	leadership「統率力」と混同しないように注意しよう
virtually [və́:rtʃuəli] 副 ほとんど、実質的に、事実上	例 virtually impossible「実質的に不可能な」、virtually ban「事実上〜を禁止する」
simultaneously [sàiməltéiniəsli | sìm-] 副 同時に	発音が2通りあるので、慣れておきたい 類 at the same time
would-be [wúdbì:] 形 〜志望の	類 aspiring would-beもaspiringも志願者であり、まだその職についていない
medieval [mì:dí:vəl | mèd-] 形 中世の	西洋史における中世は、一般に5世紀から15世紀、ゲルマン民族の移動からルネサンス宗教改革までとされる 関 modern「近世の」
savory [séivəri] 形 美味しい、味の良い	レストランの食事を描写する時に使われる 名 動 savor「味、風味」「〜を味付けする、味わう」

181
能力に見合っている
be c------- with ability

182
抜本的な改革案
d------- reform proposals

183
壮観な眺めを満喫する
enjoy a s------- view

184
信頼できる開業医
a f------- practitioner

185
本の続編
a s------- to a book

186
信頼できる外科医に看てもらう
see a t------- surgeon

187
目立った兆候はない
have no n------- symptoms

188
大規模な地滑りを引き起こす
p------- a massive landslide

189
Rabbit が考案したものである
be the b------- of Rabbit

190
外見上は同じである
o------- remain the same

commensurate [kəménsərət | -fər-] 形 見合っている、等しい	※報酬は能力に見合っている、資格条件に見合っている、など 類 comparable, equivalent
drastic [dréstik] 形 抜本的な、思い切った	※ドラスティックに改革する、など、日本語としても定着している 副 drastically「大幅に、劇的に」
spectacular [spektækjulər] 形 壮観な、目覚ましい	類 picturesque, breathtaking, striking, eye-catching, magnificent, splendid, majestic など多数
faithful [féiθfəl] 形 信頼できる、誠実な、忠実な	副 faithfully「忠実に、誠実に、正確に」 ※practitionerは、開業医か弁護士であることが多い
sequel [síːkwəl] 名 続編、続き	😎 sequence「連続」との区別を問う問題が出るので、区別して覚えよう
trustworthy [trʌ́stwə̀ːrði] 形 信頼できる	※trust「信頼」+ worthy「～に値する」ということ 類 reliable, dependable
noticeable [nóutisəbl] 形 目立った、顕著な	動 notice「(何かに) 気づく」から連想しやすい。気づくのは目立っているから
provoke [prəvóuk] 動 ～を引き起こす、招く	※難単語だが、頻出語の一つ 類 evoke, cause, induce
brainchild [bréintʃàild] 名 考案、発明、思い付き	※このchildは「子供」ではなく「産物」を表す。つまりbrain「脳」の「産物」→ 脳が産み出したもの →「考案、発明」となる 類 creative idea, unique idea
outwardly [áutwərdli] 副 外見上は、外に	反 inwardly「内部に」と共に、Part 5で何故か正解にならない選択肢として出る

191
財務情報を公開する
d------- financial information

192
高級な宿泊施設
a l------- accommodation

193
海外の製造に頼る
depend on o------- manufacture

194
航空機産業における技術革新
technological innovations in a-------

195
素晴らしい評判を確立する
establish a s------- reputation

196
間違いに気づいていない
be u------- of the mistake

197
広範囲にわたる製品
a s------- range of products

198
満場一致で法案を承認する
u------- approve a bill

199
非常に面白い逸話を集める
collect h------- anecdotes

200
重要なポイントを強調する
u------- an important point

disclose [disklóuz] 動 ～を公開する、開示する	名 disclosure「公開、開示」 類 reveal, unveil
luxurious [lʌgzúəriəs, lʌgzjúər-, -ʃúə-, -sjúə-] 形 高級な、贅沢な、豪華な	◉TOEIC界の住人は、高級リゾートに泊まり、ホエールウォッチングやスキューバダイビングをしたりする 類 luxury, lavish, gorgeous, sumptuous
offshore [ɔ́:fʃɔ́:r | ɔ́f-] 形 海外の、沖合の	副「海外で、沖合で」 move production offshore「生産を海外に移転する」
aviation [èiviéiʃən, æ̀v-] 名 航空機産業、航空(学)	◉「avi-」はラテン語のavis「鳥」が起源。鳥=空を飛ぶもの
stellar [stélər] 形 素晴らしい、輝かしい	◉ ラテン語の stella「星」が原義。ジャズのスタンダードナンバー「星影のステラ」を思い出す
unaware [ʌnəwéər] 形 気づいていない、不注意な	◉be unaware that SV「SがVだと気づいていない」の形もとる 名 unawareness「気づいていないこと」
sweeping [swí:piŋ] 形 広範囲の、全面的な	例 implement sweeping deregulation「全面的な規制緩和を実施する」
unanimously [ju:nǽnəməsli] 副 満場一致で、全会一致で	形 unanimous「満場一致の」 ◉anonymously「匿名で」と混同しないこと
hilarious [hiléəriəs] 形 非常に面白い、陽気な	副 hilariously「陽気に」 名 hilarity「陽気、愉快」
underscore 動 [ʌ̀ndərskɔ́:r, ⁻́⁻̀ | ⁻̀⁻́] 名 [ʌ́ndərskɔ̀:r] 動 ～を強調する	名「下線、アンダーライン」 類 emphasize, stress, highlight, underline

認識度の分類

　新しい単語本を入手して真っ先にやるべきことは、収録されている見出し語の分類です。何の分類かというと、単語の認識度の仕分け作業です。

　本書の場合、見出し語は1,000個ありますので、ざっくり3つのグループに分けましょう。英語のスペルを知っていて日本語の意味も分かる単語をＡクラス、英語のスペルは見たことあるが日本語の意味があやふやな単語をＢクラス、全く見たことがない単語をＣクラス、といった具合ですね。

　人間に例えれば、Ａクラスは顔も名前も知っている人、Ｂクラスは、顔は見たことあるけど名前は思い浮かばない人、Ｃクラスは初対面の人です。

　マーカーペンを使って色分けしてもいいですし、色分けではなく、先に「Ａ」「Ｂ」「Ｃ」の記号を余白に書き込んでも構いません。自分に合った好きなやり方で仕分けしましょう。単語番号の下にあるチェックボックスを活用するのもいいですね。

　このグループ分けの効果は、第一に自分のレベルが分かることです。何のレベルかというと、本書に対する自分の位置づけです。5割くらいＡクラスの単語があれば、取り組む単語集としては自分に丁度いいレベル、3割くらいＡクラスの単語があれば（実はこの辺りが本書の想定読者ど真ん中）、自分にはやや難易度が高いレベル、などです。

　効果の第二は学習計画を立てる手助けとなることです。一旦、Ｃクラスの単語はすっ飛ばしてＡクラスとＢクラスの単語を優先して覚えようとか、Ｃクラスの単語をとにかく見たことがある単語に昇格させようとか、計画は人それぞれです。ページの順番通りに覚えていって、後で「Ａクラスがどれだけ増えた」とか、確認するだけでも構いません。

　3つのグループではなく、自分なりの分け方で、もっと細分化してもＯＫです。

Round 2

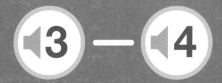

201 — 400

🔊3 — 🔊4

201
交通渋滞を緩和する
a------- traffic jams

202
息を飲むような美しい眺め
a b------- view

203
有益な講義に参加する
attend an i------- lecture

204
社内回報によれば
according to the company m-------

205
考古学的な発見
a------- findings

206
使い捨て商品
a disposable c-------

207
精緻な装飾を施す
add e------- decorations

208
年代記を編纂する
compile a c-------

209
賢明な選択をする
make a j------- choice

210
訴えを明確に否定する
c------- deny the accusation

alleviate [əlíːvièit] 動 ～を緩和する、和らげる	類 relieve, ease ⊛交通渋滞は他に traffic backup、traffic congestion
breathtaking [bréθtèikiŋ] 形 息を飲むような	⊛ Part 7でホテルの部屋の眺望の説明に頻出する。オーシャンビューなど
informative [infɔ́ːrmətiv] 形 有益な、情報を提供する	動 informは、誰かに何らかの情報を伝えることなので、そこから連想しやすい 類 instructive, enlightening, instrumental
memorandum [mèmərǽndəm] 名 社内回報、覚え書き、メモ	⊛ご存じ Part 7の文書のタイプのひとつとして頻出する。memoと略されることもある
archaeological [àːrkiəládʒikəl | -lɔ́dʒ-] 形 考古学的な、考古学の	名 archaeology「考古学」 関 archaeologist「考古学者」
commodity [kəmádəti | -mɔ́d-] 名 商品、日用品	⊛ 特にリーディングセクションでよく出る 類 product, merchandise
elaborate 形 [ilǽbərət] 動 [ilǽbərèit] 形 精緻な、複雑な	動「～を詳しく述べる、精巧に作る」 副 elaborately「精緻に、入念に」
chronicle [kránikl | krɔ́n-] 名 年代記	動「～を年代記として記録する」 関 archive「年代記」
judicious [dʒuːdíʃəs, dʒu-] 形 賢明な、思慮分別のある	⊛judiciary「司法、裁判官」から「思慮分別のある、賢明な」という意味を連想しやすい
categorically [kǽtəgɔ́ːrikəli | -gɔ́r-] 副 明確に、断固として	⊛意見を主張したり、否定したりする場合に使われることが多い

211

品質を損なうことなく

without c-------ing quality

212

輸入品に対する関税を廃止する

a------- tariffs on imports

213

財政的な困難に耐える

endure financial h-------

214

新しい薬を処方する

p------- a new medication

215

想像力に富んだアイデアを生み出す

generate i------- ideas

216

眠気を誘う

cause d-------

217

ライバル企業の市場参入を防ぐ

d------- competitors from entering the market

218

儲かる市場に進出する

expand into a l------- market

219

言語人類学

linguistic a-------

220

法外な主張

e------- claims

compromise [kámprəmàiz	kɔ́m-] 動 〜を損なう、妥協する	😊 TOEIC界では、品質向上のためにお客様アンケートは欠かさない 名「妥協、譲歩、歩み寄り」 　空所は動名詞のため compromising となる
abolish [əbáliʃ	əbɔ́l-] 動 〜を廃止する	✕ 法律や制度などを廃止する時に使われることが多い
hardship [há:rdʃip] 名 苦労、困難	✕「-ship」は、状態、性質、資格、能力、地位、関係などを表す接尾語
prescribe [priskráib] 動 〜を処方する	✕「〜を規定する」という意味もある prescribe that SV「SがVであると規定する」 名 prescription「処方箋」
imaginative [imǽdʒənətiv] 形 想像力に富む	動 imagine「〜を想像する」 名 imagination「想像力」 関 imaginable「想像できる、考えられる」
drowsiness [dráuzinis] 名 眠気	😊 眠気を引き起こす薬の side effects「副作用」は薬局の話でよく出る
deter [ditə́:r] 動 〜を防ぐ	✕ defer「〜を延期する」と間違えないように 類 discourage
lucrative [lú:krətiv	ljú:-] 形 儲かる	😊 TOEIC界は大抵、好景気で儲かっている 類 profitable
anthropology [æ̀nθrəpáɭədʒi	-lɔ́dʒi] 名 人類学	✕ 人類とその文化を研究する学問のこと。TOEIC界の研究は幅広い
extravagant [ikstrǽvəgənt] 形 法外な、極端な	😊「無駄遣いする」という意味もあるが、TOEIC界に浪費家はいない

221

職業研修に申し込む

apply for an i-------

222

がっかりさせる知らせ

d------- news

223

当り前になる

become c-------

224

新しい教育課程を導入する

introduce a new c-------

225

接着剤でくっつけられている

be attached with an a-------

226

評判の良い病院

a r------- hospital

227

意見の対立を仲裁する

m------- a conflict of opinions

228

毎日瞑想する

m------- daily

229

新人に企業価値を教え込む

i------- company values into new hires

230

良いものを見分ける目

a d------- eye

internship [íntəːrnʃip] 名 職業研修、インターンの地位・期間	☻ TOEIC界ではインターンとはいえ、応募資格が異常に厳しく、時に実務経験さえ求められる
disappointing [dìsəpóintiŋ] 形 がっかりさせる、期待外れの	関 disappointed「がっかりした、落胆した」 動 disappoint「〜を落胆させる」
commonplace [kámənplèis | kóm-] 形 当たり前の、普通の	名「よくあること」 That's a commonplace.「よくある話だ」
curriculum [kəríkjuləm] 名 教育課程、カリキュラム	☻ ラテン語由来の言葉で、教育や研修などのプログラムのこと
adhesive [ædhíːsiv, əd-] 名 接着剤	☻ 形容詞は後ろに前置詞のtoを伴って「〜に固執している」という意味
reputable [répjutəbl] 形 評判の良い、信頼できる	類 respectable, highly regarded 名 reputation「評判」
mediate [míːdièit] 動 〜を仲裁する	名 mediation「仲裁」 関 mediator「仲裁人」
meditate [médətèit] 動 瞑想する	☻ mediate「〜を仲裁する」と混乱しないこと 名 meditation「瞑想」
instill [instíl] 動 〜を教え込む、染み込ませる	☻ 時折 Part 5に登場する超難単語 instill A into B「AをBに染み込ませる」
discriminating [diskrímənèitiŋ] 形 良いものを見分ける、鑑識眼のある	☻「差別をする」という意味もあるがTOEICには出ない

61

231
申し出を断る
d------- an offer

232
色が同じである
be i------- in color

233
建築会社
an a------- firm

234
参加者で均等に分けられる
be e------- divided among participants

235
現金のみで支払可能である
be p------- by cash only

236
大手の物流会社
a large l------- company

237
事の重要性を理解する
a------- the importance of the matter

238
市の条例を草案する
draft a city o-------

239
悪評を得る
earn an i------- reputation

240
信長の直系子孫
an immediate d------- of Nobunaga

decline [dikláin] 動 〜を断る、辞退する	◎refuseやrejectと異なり「丁重に断る」という意味。「減る、減少する」の意味も大事
identical [aidéntikəl] 形 同じ、一致している	◎Part 1でも「時計の形は全て同じだ」のように出る be identical to〜「〜と同じである」
architecture [á:rkətèktʃər] 名 建築、建造物	形 architectural「建築の、建築上の」 関 architect「建築家」
evenly [í:vənli] 副 均等に、平等に	◎「冷静」にという意味もある reply evenly「冷静に答える」
payable [péiəbl] 形 支払可能な	例 be payable in installments「分割払いができる」
logistics [loudʒístiks, lə-] 名 物流	◎「〇〇ロジスティクス」という社名にもなっている 形 logistical「物流の」
apprehend [æprihénd] 動 〜を理解する、心配する	◎「逮捕する」という意味もあるが、TOEIC界では誰も捕まらない 名 apprehension「理解(力)、不安」
ordinance [ɔ́:rdənəns] 名 条例、慣習	☺ Part 7のarticleに忘れた頃に出てくる。宗教的な儀式の意味もあるが、TOEICには出ない
infamous [ínfəməs] 形 悪名高い、評判の悪い	◎悪い意味で有名、という点がポイント 類 notorious
descendant [diséndənt] 名 子孫	類 offspring 反 ancestor「先祖」

241

古い家を取り壊す

d-------- an old house

242

彫像を彫る

c------- a statue

243

壮大な眺め

a m------- view

244

問題を正確に指摘する

p-------- the problem

245

適度な湿度を保つ

keep suitable levels of h--------

246

率直なやり方で

in a c------- manner

247

ビジネスのあらゆる局面において

in every f------- of business

248

冗長な文章を削除する

remove a r------- sentence

249

とても美味しいプラムケーキ

very p------- plum cake

250

誤りのあるデータを修正する

correct e------- data

demolish [dimáliʃ|-mɔ́l-] **動** 〜を取り壊す	**類** tear down **名** demolition「取り壊し、解体」
carve [ká:rv] **動** 〜を彫る、刻む	✖carve outで「(運命などを) 切り開く、(地位などを) 築き上げる」の意味もある **関** carver「彫刻家」= sculptor
magnificent [mægnífəsnt] **形** 壮大な、素晴らしい	**名** magnificence「壮大、雄大、気品」 **動** magnify「〜を拡大する、誇張する」
pinpoint [pínpɔint] **動** 〜を正確に指摘する	**名**「正確な位置」 **形**「正確な」
humidity [hju:mídəti] **名** 湿気、湿度	**形** humid「湿気の多い」 **関** temperature「気温」
candid [kǽndid] **形** 率直な、公平な	😊 TOEIC頻出の candidate は「志願者、候補者」という意味の名詞
facet [fǽsit] **名** 局面	✖faucet「水道の蛇口」と間違えないこと **類** aspect
redundant [ridʌ́ndənt] **形** 冗長な、余剰の	✖「余分な、不要な」ということ **名** redundancy「冗長、余剰」
palatable [pǽlətəbl] **形** 美味しい	✖TOEICでは「美味しい」という表現は多彩だ **名** palate「味覚」
erroneous [iróuniəs] **形** 誤りのある、間違った	✖error「誤り」から連想しやすい incorrect, inaccurate などがほぼ同じ意味

65

251

全国にたくさんの支店がある。

There are lots of branches n-------.

252

かなりの差で

by a c------- margin

253

添付ファイル

an a------- file

254

医療機器を消毒する

d------- medical equipment

255

伝説的なギタリストを呼び物とする

feature a l------- guitarist

256

熱帯雨林を守る

save a r-------

257

厳しい態度をとる

assume a h------- attitude

258

ほとんど同時に

almost c-------

259

彼の無礼な態度を叱責する

r------- him for his rude manner

260

平凡な研究

m------- research

nationwide [néiʃənwáid] 副 全国的に、全国にわたって	⚠国内を出ないことに注意! worldwideは「世界中に」= internationally
considerable [kənsídərəbl] 形 かなりの、相当な	副 considerably「かなり、相当」 比較級を強調できる副詞
accompanying [əkʌ́mpəniiŋ] 形 添付の、同封の	⚠enclosedやattachedと違って accompaniedにならない点に注意! accompanying!
disinfect [dìsinfékt] 動 〜を消毒する、殺菌する	⚠アルコール殺菌が欠かせない世の中になってしまった 反 infect「〜を感染させる」
legendary [lédʒəndèri | -dəri] 形 伝説的な	⚠legacy「遺産」と間違えないこと 名 legend「伝説、伝説的人物」
rainforest [réinfɔ̀:rist | -fɔ̀r-] 名 熱帯雨林	⚠自然環境保護のトピックはPart 7に頻出するが、熱帯雨林の保護はその筆頭
harsh [háːrʃ] 形 厳しい	例 face a harsh winter「厳しい冬に直面する」、survive harsh competition「厳しい競争を勝ち抜く」
concurrently [kənkə́:rəntli | -kə́r-] 副 同時に	動 concur「同時に起こる、同意見である、協力する」 形 concurrent「同時に起こる、共同の」
reprimand [réprəmæ̀nd, ⌣ ⌣ ́] 動 〜を叱責する	☺ TOEIC界では多少の無礼があっても誰も叱責されない 類 admonish
mediocre [mì:dióukər] 形 平凡な、並みの、二流の	⚠あまり良い意味で使われない。可もなく不可もないといったイメージ 例 a mediocre playwright「二流の脚本家」

261

家電製品を製造する

m------- home appliances

262

信頼できる**情報**

d------- information

263

入荷待ちの**品物**

b------- items

264

人気が急上昇する

s------- in popularity

265

抽象的な**理論**

an a------- theory

266

コロナウイルスの突然の発生

an o------- of coronavirus

267

たとえ一時的であっても

a------- temporarily

268

構造改革の背後にある**論拠**

r------- behind the restructuring

269

職務内容を詳しく説明する

d------- a job description

270

欠陥がないか調べる

inspect for i-------s

manufacture [mÃ¦njufÃ¦ktʃər] **動** ～を製造する、製作する	名「製造」 類 produce 関 manufacturer「製造業者」
dependable [dipéndəbl] **形** 信頼できる	類 reliable 名 dependability「信頼」= reliability
back-ordered [bÃ¦kɔ̀:rdərd] **形** 入荷待ちの	💀 在庫切れのため入荷待ちの品物は Part 7 に頻出するが、どれだけ待たされても、注文者は決して怒らない
skyrocket [skáirɑ̀kit] **動** 急上昇する、急騰する	▧ sky「空」+rocket「ロケット」で急上昇のイメージは連想しやすい
abstract **形 動** [æbstrÃ¦kt, ⌐|⌐] **名** [Ã¦bstrækt] **形** 抽象的な	名「要約、抜粋」 動「～を抽象化する、抜粋する」 反 concrete「具体的な」
outbreak [áutbrèik] **名** 突然の発生、勃発	▧ break out は「突然発生する」という意味の句動詞。一緒に覚えてしまおう
albeit [ɔ:lbí:it] **接** たとえ～でも、～にもかかわらず	▧ 接続詞だが、SV が省略されることが多い 例 albeit with some hesitation「幾分のためらいはあったが」 類 although, though, even though, even if
rationale [rÃ¦ʃənÃ¦l	-ná:l] **名** 論拠	▧ 語尾の e をとると形容詞に rational「合理的な」⇔ irrational「不合理な」
delineate [dilínièit] **動** ～を詳しく説明する、輪郭を描く	💀 たまに見かける超難単語! 名 delineation「詳述、輪郭描写」
imperfection [impərfékʃən] **名** 欠陥、不完全	▧ im（not を表す）+ perfection「完全」→「欠陥、不完全」 類 defect, flaw

69

271

部屋のおおよそのサイズ

the a------- dimensions of the room

272

慈善活動に打ち込んでいる

be d------- to a charitable cause

273

低金利の住宅ローンを受ける

get a low-interest m-------

274

完全に経済を麻痺させる

totally p------- the economy

275

土地の肥沃度を維持する

maintain soil f-------

276

一連の出来事

a s------- of events

277

拍手の波を引き起こす

e------- waves of applause

278

灌漑システムを導入する

introduce an i------- system

279

青年期の経験

experience during a-------

280

わずかに成功を収めている

be m------- successful

approximate 形 [əpráksəmət	-rɔ́k-] 動 [əpráksəmèit	-rɔ́k-] 形 おおよその、概算の、近い	動 「〜に近づく」 approximate an ideal 「理想に近づく」 副 approximately 「およそ、約〜」 名 approximation 「概算、近接」
devoted [divóutid] 形 打ち込んでいる、献身的な	類 committed, dedicated 動 devote 「〜に打ち込む、充てる」 名 devotion 「献身、情熱、没頭」
mortgage [mɔ́:rɡidʒ] 名 住宅ローン、抵当権	※ 土地や建物を購入するためのローンや貸付金のこと 動 「〜を抵当に入れる」
paralyze [pǽrəlàiz] 動 〜を麻痺させる、無力にする	例 paralyze traffic 「交通を麻痺させる」 → 「交通渋滞を引き起こす」
fertility [fərtíləti] 名 肥沃(度)、豊富	動 fertilize 「(土地)を肥沃にする」 関 fertilization 「肥沃化」
sequence [síːkwəns] 名 一連、連続、順番	例 in alphabetical sequence 「アルファベット順に」 類 series
evoke [ivóuk] 動 〜を引き起こす、喚起する	※ 冒頭に 「r」 をつけると、revoke 「〜を取り消す、無効にする」 という意味になる
irrigation [ìrəɡéiʃən] 名 灌漑	😊 難しい単語だが TOEIC はこの単語が好きだ 動 irrigate 「〜を灌漑する、〜に水を引く」
adolescence [ædəlésns] 名 青年期	※ 「when he was young」 をこれ1語で言い換え可能
marginally [má:rdʒinəli] 副 わずかに	形 marginal 「わずかな」 The difference seems marginal. 「差はわずかのようだ」

71

281

生徒に奨学金を与える

g-------- students a scholarship

282

経営の透明性を高める

e------- transparency in management

283

驚くほど正確に距離を測定する

measure distance remarkably a-------

284

追加の資金を調達する

p-------- additional funds

285

部屋の間仕切り

room d-------s

286

弁護士に相談する

consult an a--------

287

観客を魅了する

c-------- an audience

288

牧草地にたくさんの羊がいる。

There are a lot of sheep in the p--------.

289

学生たちの生活のあらゆる側面を取り囲む規則

rules that e------- every aspect of students' lives

290

小説の主人公

a p-------- of a novel

grant [grǽnt | grɑ́:nt] 動 ～を与える、許可する	◉第4文型のSVOOの形が重要 授与動詞の一つ 名「助成金」
enhance [inhǽns | -hɑ́:ns] 動 ～を高める、強化する	名 enhancement「高めること、増大」 類 strengthen, reinforce, intensify
accurately [ǽkjurətli] 副 正確に	形 accurate「正確な」 名 accuracy「正確さ、精密」
procure [prəkjúər, prou- | prə-] 動 ～を調達する	名 procurement「調達、入手」 procurement department は「調達部」
divider [diváidər] 名 間仕切り、仕切り	◉room divider は partition で言い換え可能 関 dividend「配当、分配金」
attorney [ətə́:rni] 名 弁護士	◉厳密には、attorney at law が「弁護士」 類 lawyer
captivate [kǽptəvèit] 動 ～を魅了する	形 captivating「魅力的な」 類 fascinate, charm, enchant
pasture [pǽstʃər | pɑ́:s-] 名 牧草地	◉牧草地は度々 Part 7に登場する 類 meadow
encompass [inkʌ́mpəs] 動 ～を取り囲む、含む	😊 文房具のコンパスを使うイメージで、グルリと周囲を囲う フレーズ内の that は主格の関係代名詞
protagonist [proutǽgənist] 名 主人公、主役	◉Part 7の article 問題に登場する 類 main character, lead character

291
思いやりのある礼儀正しいスタッフ
a-------- and courteous staff members

292
カリスマ的な起業家
a charismatic e--------

293
腐りやすい食品
p-------- food

294
極めて批判的な社説を書く
write a highly critical e--------

295
しゃれた優雅な家具
s-------- and elegant furniture

296
万歩計を付けて歩く
walk with a p--------

297
停滞した経済を活性化させる
revitalize the s-------- economy

298
近隣住民
neighborhood i--------s

299
一定の経験を蓄積する
a-------- a certain amount of experience

300
美味しい野菜
s-------- vegetables

attentive [əténtiv] 形 思いやりのある	◇「用心深い、注意している」という意味も頻出する
entrepreneur [à:ntrəprənə́:r | -ə́n-] 名 起業家、企業家	☺ 起業家はPart 7に頻出する。大抵、大成功している 発音注意!アントゥレプレナー!
perishable [périʃəbl] 形 腐りやすい、日持ちしない	動 perish「滅びる、消滅する」 反 non-perishable「腐らない、保存のきく」
editorial [èdətɔ́:riəl] 名 社説	形「社説の、編集に関する」 類 editorial article, editorial comment
sleek [slí:k] 形 しゃれた、つやのある	◇家具や衣類の説明でよく使われる。自動車のデザインの描写にもピッタリの言葉
pedometer [pədámətər | -dɔ́m-] 名 万歩計、歩数計	◇pedo (= ped「足」) + meter「計測器」 →「万歩計」となる
sluggish [slʌ́giʃ] 形 停滞した、不景気な	☺ TOEIC界にも、不景気の波は押し寄せてきている 類 stagnant, depressed
inhabitant [inhǽbətənt] 名 住民、居住者	類 habitant 動 inhabit「〜に住む」 他動詞であることに注意
accumulate [əkjú:mjulèit] 動 〜を蓄積する	◇地道に語彙力を蓄積していこう! 名 accumulation「蓄積、累積」
scrumptious [skrʌ́mpʃəs] 形 美味しい	☺ TOEIC界では「美味しい」の表現は多彩だが、これが一番難しい単語

301

厄介な質問に答える

f------- embarrassing questions

302

驚くほど多様な製品

r------- diverse products

303

従来型の農業を改良する

improve c------- agriculture

304

値上げを正当化する

j------- a price increase

305

ソフトウェアの信頼性を保証する

ensure software r-------

306

保守的な態度

c------- attitudes

307

資金の枯渇

a d------- of funds

308

比類なき情熱

u------- passion

309

避けられない悪化に直面する

encounter i------- deterioration

310

助言に素直に従う

be a------- to advice

field [fíːld] **動** 〜に答える	✘動詞もあることに注意 **名**「領域、分野」
remarkably [rimáːrkəbli] **副** 驚くほど、著しく	**形** remarkable「注目に値する、際立った」 **名 動** remark「意見、所見」「述べる」
conventional [kənvénʃənl] **形** 従来型の、慣習の、伝統の	**名** convention「大会、しきたり、慣習」 **反** unconventional「慣例にとらわれない、型破りな」
justify [dʒʌstəfài] **動** 〜を正当化する	✘justify doing「〜することを正当化する」の形も重要 **名** justification「正当化」
reliability [rilàiəbíləti] **名** 信頼性、信頼	**形** reliable「信頼できる」 reliable sources of information「信頼できる情報源」
conservative [kənsə́ːrvətiv] **形** 保守的な、控えめの	✘「コンサバな意見だ」など、日本語としても定着している
depletion [dipliːʃən] **名** 枯渇、減少	😊 全くゼロになるだけではなく「減少していく、消耗していく」イメージ **動** deplete「〜を枯渇させる、減少させる」
unparalleled [ʌnpǽrəleld] **形** 比類なき	**例** have unparalleled expertise in 〜「〜において比類なき専門知識を持っている」
inevitable [inévətəbl] **形** 避けられない、必然的な	✘It is inevitable that SV（原形）「SがVであることは避けられない」の形も重要
amenable [əmíːnəbl] **形** 素直に従う、従順な	✘原義は「羊が容易に導かれている様子」のこと。素直で従順な様子を表している。Part 5の誤答の選択肢に出る

311

ご迷惑をおかけしていなければよいのですが。

I hope I haven't i-------d you.

312

返金可能な往復チケット

a r------ round-trip ticket

313

揺るぎない自信

u------- confidence

314

財政的な支援を誓う

p-------- financial assistance

315

最終的には CEO が承認する

be u------- approved by CEO

316

経済制裁を解除する

lift the financial s-------

317

途切れることのない努力をする

make s------- efforts

318

何の変哲もない建造物

a n------- structure

319

巨額の利益を得る

r------- a huge profit

320

適切な隠喩を用いる

use an appropriate m-------

inconvenience [ìnkənví:niəns] 動 ～に迷惑をかける	名 「迷惑、不便」だけじゃない、動詞もあることを覚えておきたい
refundable [rifʌ́ndəbl] 形 返金可能な	反 non-refundable 「返金不可の」 動 名 refund 「～を払い戻す」「払い戻し、返金」
unwavering [ʌnwéivəriŋ] 形 揺るぎない	動 waver 「揺れる、揺れ動く」から連想しやすい 反 wavering 「揺れ動く、ためらう」
pledge [plédʒ] 動 ～を誓う、誓約する	✍ pledge to do 「～することを誓う」 pledge that SV 「SがVすることを誓う」の形もある
ultimately [ʌ́ltəmətli] 副 最終的に、最後に、ついに	形 ultimate 「最終的な、究極の」 類 eventually, finally
sanction [sǽŋkʃən] 名 制裁、認可	例 get sanction to～ 「～する認可を得る」 動 「～に制裁措置をとる、～を認可する」
seamless [síːmlis] 形 途切れない	✍ seam 「途切れ」+ less 「～のない」=「途切れのない」→「途切れない」
nondescript [nὰndiskrípt | nɔ̀n-] 形 何の変哲もない、特徴のない	✍ 凡庸で特徴がない様を表す言葉 類 featureless, characterless, unremarkable, commonplace
reap [ríːp] 動 ～を得る	✍ 元々は「作物を刈り取る、収穫する」という意味
metaphor [métəfɔ̀ːr] 名 隠喩、暗喩、象徴	😊 メタファーは「比喩」の一種で、「比喩的な表現・描写」と理解しておけばよい

79

321
厳しい**環境規制**

s-------- environmental regulations

322
軽量だが耐久性がある靴

l-------- yet durable shoes

323
定評のあるデザイナー

an e-------- designer

324
〜の影響を過小評価する

u-------- the impact of 〜

325
明確な戦略を考案する

f-------- a clear strategy

326
双方の同意

a b-------- agreement

327
賞品を求めて競争する

c-------- for a prize

328
欠点を克服する

overcome a d--------

329
財政的な苦境に直面する

face a financial p--------

330
公平なアドバイスをする

provide i-------- advice

stringent [stríndʒənt] 形 厳しい、厳重な	◈例外が認められないような厳格な様を表す言葉 類 strict, rigid, rigorous
lightweight [láitwèit] 形 軽量の	😊 軽い、安い、耐久性がある、デザインが良い、などのメリットはTOEIC頻出
established [istǽbliʃt] 形 定評のある、有名な	動 establish「～を確立する、達成する、設立する」 類 recognized, acclaimed, respected, esteemed, prominent
underestimate 動 [ʌndəréstəmèit] 名 [ʌndəréstəmət] 動 ～を過小評価する	名「過小評価、低く見積ること」 反 overestimate, exaggerate
formulate [fɔ́ːrmjulèit] 動 ～を考案する、説明する	◈「公式化する、定式化する」の意味も重要 名 formula「公式」
bilateral [bailǽtərəl] 形 双方の、二者間の	◈「双務的でお互いに義務を負う」という意味がある 名「二者会議、二国間会議」
contend [kənténd] 動 競争する、競う	◈「～を主張する」という意味では、contend that SV「SがVであると主張する」の形をとる
drawback [drɔ́ːbæk] 名 欠点、不利	例 drawback and advantage「長所と短所」 類 disadvantage, downside
plight [pláit] 名 苦境、窮地	動「誓う、誓約する」 類 predicament, adversity
impartial [impáːrʃəl] 形 公平な、偏らない	◈partial「部分的な、不公平な」を否定の接頭語「im」で打ち消している

331

オンラインで製品の画像を見る

see i--------s of our products online

332

私はフランスの相手を待っています。

I'm expecting my French c--------.

333

多才な役者

a v-------- actor

334

メンバーに投票を義務づける

o-------- members to vote

335

990対985で辛うじて勝つ

win n-------- by 990 against 985

336

厳しい批判に直面する

face s-------- criticism

337

親切な人

an a-------- person

338

矛盾に気づく

notice an i--------

339

賢明な選択をする

make a s-------- choice

340

メディアの熱狂を呼び起こす

cause a media f--------

image [ímidʒ] 名 画像、映像	😀 photo や picture の言い換えで出てくるところがポイント。イメージではなく「写真などの画像」
counterpart [káuntərpɑ̀ːrt] 名 対応する人(相手)・物	例 the precise counterpart of ~「~と完全に対応するもの」
versatile [və́ːrsətl | -tàil] 形 多才な、用途の広い	🔖 人にもモノにもつく形容詞 例 versatile facilities「多目的施設」
obligate [ábləgèit | ɔ́b-] 動 ~を義務づける	例 be contractually obligated「契約により義務を負う」
narrowly [nǽrouli] 副 辛うじて、狭く、狭義に	🔖 990と985の差は途轍もなく大きい 例 interpret narrowly「狭義に解釈する」
stern [stə́ːrn] 形 厳格な、厳しい	🔖 be stern with~「~に厳しい」 副 sternly「厳格に」 名 sterness「厳しさ」
accommodating [əkámədèitiŋ | əkɔ́m-] 形 親切な	動 accommodate「~を収容する、世話をする、適応させる」
inconsistency [ìnkənsístənsi] 名 矛盾、不一致	形 inconsistent「一貫性のない、矛盾した」 反 consistency「一貫性、一致、調和」
shrewd [ʃrúːd] 形 賢明な、鋭い	😀 発音に注意! シュルゥード! 例 a shrewd investor「賢明な投資家」
frenzy [frénzi] 名 熱狂、狂乱	😀「Frenzy」というヒッチコックの映画があった。イギリスとアメリカの合作映画

341

雇用機会を創出する

create e------- opportunities

342

日常的な事務作業を減らす

reduce routine p--------

343

情報の入手・利用のしやすさ

a-------- to information

344

我々の親密な関係を固める

s-------- our close rapport

345

社会を活性化する

i------- society

346

幅広い支持

w------- support

347

多作の作家

a p------- writer

348

辞書の編集

c------- of a dictionary

349

評判を損なう

d------- a reputation

350

時折発生する

arise s-------

employment [implɔ́imənt] 名 雇用、仕事	動 employ「〜を雇う、使用する」 関 employer「雇用主」、employee「従業員」
paperwork [péipərwə̀:rk] 名 事務作業、文書作成	⊗ paper「紙」＋ work「作業」→「事務作業」 類 clerical work, deskwork
accessibility [æksèsəbíləti] 名 入手や利用の可能性（しやすさ）	形 accessible「入手しやすい」 関 access「アクセス」「〜にアクセスする」
solidify [səlídəfài] 動 〜を固める、強固にする	⊗ Part 5の正解の選択肢として出た 形 solid「固い、固形の、信頼できる」 名 solidity「固いこと、堅実性」
invigorate [invígərèit] 動 〜を活性化する、元気づける	形 invigorating「元気づける」 an invigorating speech「元気づけるスピーチ」
widespread [wáidspréd] 形 幅広い、広範囲の	⊗ spread widely「広範囲に広がる」から覚えよう
prolific [prəlífik] 形 多作の	😊 動物が多産である、植物がたくさん実を結ぶ、というイメージの言葉 TOEIC本を多作する著者には憧れる
compilation [kàmpəléiʃən ｜ kɔ̀m-] 名 編集、編集物	動 compile「〜を編集する、まとめる」 「編集物」の意味での類義語は「anthology」
diminish [dimíniʃ] 動 〜を損なう、減らす	⊗ 他動詞だけでなく、自動詞もある 例 gradually diminish「徐々に減少する」
sporadically [spərǽdikəli] 副 時折	😊 Part 5に時折登場する、超難単語! 形 sporadic「散在する、時々起こる」

351
従業員にデータベースへのアクセス権を与える
p------- employees access to databases

352
マーケティングに対する比類なき専門知識
unmatched e------- in marketing

353
雑誌を定期購読する
s------- to a magazine

354
プレゼンの準備ができていない
be u------- for a presentation

355
大学院の学位を追求する
pursue a p------- degree

356
船に乗り込む
e------- on a ship

357
～に賞を与える
b------- an award on ～

358
一流の弁護士
a t------- attorney

359
違法な輸入品を没収する
c------- illegal imports

360
支配的な影響を及ぼす
exert a p------- influence

provide [prəváid] 動 ～を与える、供給する	◉SVOO の第4文型をとることが重要。with も for も使わない用法があることを覚えておこう。そろそろ狙われるぞ！
expertise [èkspərtíːz] 名 専門知識（技術）	◉発音注意！ エキスパティーズ！ 関 expert「熟練者、熟練した」
subscribe [səbskráib] 動 定期購読する、会員登録する	◉前置詞の to が大事 名 subscription「予約購読、寄付(金)、出資(金)」
unprepared [ʌ̀npripéərd] 形 準備ができていない	◉何かのイベントに対して準備が整っていない状態を表す言葉
postgraduate [pòustgrǽdʒuət] 形 大学院の、大学卒業後の	◉「学部生」は undergraduate 名 「大学院生、研究生」
embark [imbáːrk] 動 乗り込む、着手する	例 embark on an ambitious project「大掛かりな事業に着手する」
bestow [bistóu] 動 ～を与える	◉直接目的語の後ろに「on+人」をとる語法が重要
top-notch [tápnàtʃ | tɔ́pnɔ̀tʃ] 形 一流の、最高の	◉notch は階段や程度を表す名詞 類 top-grade, top-level, first-rate, first-class
confiscate [kánfəskèit | kɔ́nfis-] 動 ～を没収する	◉ TOEIC 界では実際に何かが没収されることはないが、契約条項など堅い文書に出てくる
predominant [pridámənənt | -dɔ́m-] 形 支配的な、優勢な	◉pre をとった dominant もほぼ同じ意味になるので、一緒に覚えてしまおう

361

仕事のかなりの部分を外注に出す

o------- a considerable part of work

362

景気が回復すると推測する

s------- that the economy will turn around

363

身の回り品の持ち主を特定する

identify personal e-------

364

本題に戻る

r------- to the original subject

365

ここの天気は変わりやすい。

The weather is v------- here.

366

深く心を打たれる映画

a profoundly m------- film

367

プロジェクトの実現可能性を検証する

test the v------- of a project

368

美的に洗練されている

be a------- refined

369

競合他社に市場シェアを譲り渡す

s------- market share to competitors

370

真剣な議論

e------- discussions

outsource [àutsɔ́ːrs] 動 〜を外注に出す	◎ 業務の一部を外部の会社に委託すること 名 outsourcing「外部委託」
speculate [spékjulèit] 動 〜を推測する、投資する	◎ 自動詞用法「熟考する、思案する」もある 名 speculation「推量、熟考、投機」
effects [ifékts, ə-] 名 身の回り品、私物	◎ Part 7の同義語問題対策として覚えておきたい 類 belongings, possessions
revert [rivə́ːrt] 動 (元の状態に)戻る	◎ 自動詞であることを覚えておくこと。前置詞のto が大事。Part 5に出る
variable [véəriəbl] 形 変わりやすい	名「変わりやすいもの」 反 invariable「不変の、変わらない」
moving [múːviŋ] 形 心を打たれる、感動的な	◎「引越しの」という意味もある moving expenses「引越し費用」
viability [vàiəbíləti] 名 実現可能性	形 viable「実現可能な」 類 feasibility
aesthetically [esθétikəli] 副 美的に、美学的に	◎「エステ」と言えば誰でもイメージが湧く 形 aesthetic「美学の、審美眼のある」
surrender [səréndər] 動 〜を譲り渡す、やめる、放棄する	◎ Part 5の誤答の選択肢に出てきた超難単語! 知っていれば仲間に自慢できるレベル
earnest [ə́ːrnist] 形 真剣な、熱心な	◎ 明確な目的を持っていて、その追求に真剣である様子 名「本気、まじめ、真剣、保証(金)」

89

371

人生は偶然の一致に満ちている。

Life is full of c-------s.

372

完全に時代遅れになる

become completely o-------

373

満足のいく説明をする

provide s------- explanations

374

成功のために全てを犠牲にする

s------- everything for success

375

規制強化

t------- of regulations

376

基本構造を確立する

establish a basic s-------

377

経済の脆弱性を克服する

overcome economic f-------

378

～に用心深い目を向ける

keep w------- eyes on ～

379

根本的な原因を特定する

identify an u------- cause

380

熱心な支持者

a devoted a-------

coincidence [kouínsidəns] 名 偶然の一致	例 by coincidence「偶然に」 動 coincide「同時に起こる、一致する」
obsolete [àbsəlíːt, ⌐ ‑ ̄ | ɔ́bsəliːt] 形 時代遅れの	動「~を廃れさせる、時代遅れにする」 類 outdated, out-of-date, old-fashioned
satisfactory [sæ̀tisfǽktəri] 形 満足のいく	副 satisfactorily「満足のいくように」 名 satisfaction「満足」 動 satisfy「~を満たす、満足させる」
sacrifice [sǽkrifàis, -rə-] 動 ~を犠牲にする、断念する	名「犠牲、放棄、断念」 😀 TOEIC では「いけにえ」の意味では出ない
tightening [táitniŋ] 名 強化、締め付けること	✕動詞→動名詞→名詞と進化、定着していった典型的な事例 動 tighten「~を堅く締める、厳しくする」
structure [strʌ́ktʃər] 名 構造、骨組み、建造物	形 structural「構造の、構造的な」 副 structurally「構造的に」
fragility [frədʒíləti] 名 脆弱性、壊れやすさ	形 fragile「壊れやすい、もろい」 類 vulnerability, weakness
watchful [wátʃfəl | wɔ́tʃ-] 形 用心深い	✕「-ful」は名詞、動詞について形容詞を作る。watch「注意、観察」+ ful →「用心深い」 類 careful, cautious, attentive
underlying [ʌ̀ndərláiiŋ, ⌐ ‑ ̄] 形 根本的な、基本的な	動 underlie「~の基礎にある、根底にある」 ✕underline「~に下線を引く、強調する」と混同しないこと
adherent [ædhíərənt, əd-] 名 支持者、信奉者	動 adhere「従う、忠実である」 adhere to~「~を順守する」

381

賞の最終選考リストに載る

be s-------ed for the award

382

失敗を隠す

conceal f-------

383

森林の保護

p-------- of forest

384

結果について軽く話す

t------- on the results

385

それぞれの分野において

in r------- fields

386

迷惑な音

an a------- sound

387

内部批判を抑える

s------- internal criticism

388

読みにくい筆跡

i------- handwriting

389

論理的に一貫しない

be logically i-------

390

再発する誤り

a r------- error

shortlist	
[ʃɔ́ːrtlìst] **動** ～を最終選考リストに載せる	**名**「最終候補者リスト」 **例** be on the shortlist「最終選考に残る」 **類** nominate

failure	
[féiljər] **名** 失敗、不成功	✖ failure to do「～しないこと、しそこねること」も重要。Part 5で文頭にFailureを入れる問題が出た

preservation	
[prèzərvéiʃən] **名** 保護、保存	✖ 保護活動はTOEICのトピックの定番 **類** conservation **動** preserve「～を保護する、保存する」

touch	
[tʌ́tʃ] **動** 軽く話す、言及する	😀 Part 7の同義語問題に出る。「触れる」は日本語でも「軽く話す」という意味がある **類** briefly talk, briefly speak

respective	
[rispéktiv] **形** それぞれの、各自の	✖ respectful「礼儀正しい」と混同しないこと **副** respectively「それぞれ」 **名** respect「尊敬、尊重、点、事項」

annoying	
[ənɔ́iiŋ] **形** 迷惑な、イライラさせる	**動** annoy「～をイライラさせる、困らせる」 **名** annoyance「悩ますもの、迷惑」

suppress	
[səprés] **動** ～を抑える、やめさせる	✖ Part 5の誤答の選択肢でよく出る sup「下に」+ press「押す」＝「抑圧する」 真相や証拠などを隠す、発表しないという意味もある

illegible	
[ilédʒəbl] **形** 読みにくい、判読不能の	✖ 文字や字体の読みにくさであって、書かれている内容の読みにくさではない **反** legible「読みやすい、判読できる」

incoherent	
[ìnkouhíərənt, ìnkə-] **形** 一貫しない、支離滅裂な	✖ Part 5誤答の選択肢の常連。正解の選択肢に昇格はあるのか？

recurrent	
[rikə́ːrənt | -kʌ́r-] **形** 再発する、頻発する	✖ 繰り返し起こるイメージの言葉 **類** reoccurring **名** recurrence「再発、再現、繰り返し」

391

この家具の仕上げは芸術的だ。

This furniture has an artistic f-------.

392

時間の制約があるので

due to time c-------s

393

熟練の溶接工

a seasoned w-------

394

気温の変化に敏感である

be s------- to changes in temperature

395

それは素晴らしい考えだ！

That's a t------- idea!

396

副工場長

d------- factory manager

397

契約は無効だと宣言する

d------- the contract invalid

398

大きな影響を引き起こす

cause significant r-------s

399

生活水準の改善

the b------- of living standards

400

活気ある雰囲気

v------- atmosphere

finish [fíniʃ] 名 仕上げ	❌これが名詞であることを知らないと、文の骨組みが分からない時がある coating「コーティング」も仕上げの一種
constraint [kənstréint] 名 制約	❌TOEIC界にも時間の制約や予算の制約は存在する 動 constrain「〜を制約する、抑制する」 類 restriction
welder [wéldər] 名 溶接工	❌溶接工と併せて配管工 (plumber) も覚えておきたい 名 welding「溶接」、動 weld「〜を溶接する、統一する」もたまに出る
sensitive [sénsətiv] 形 〜に敏感である	❌「機密の」という意味もある sensitive information「機密情報」
terrific [tərífik] 形 素晴らしい、すごい	❌悪い意味にも使われる do terrific damage「酷い被害を与える」
deputy [dépjuti] 形 副〜、代理の	❌「副〜」で同様の言葉は「vice-」 名「代理、代理人」
declare [diklέər] 動 〜を宣言する、断言する	❌SVOCの第5文型が重要。declare that SV「SがVであると断言する」の形もある
ripple [rípl] 名 影響、余波、波紋	😊 Part 1に登場するrippleは勿論、「さざ波」という意味
betterment [bétərmənt] 名 改善、改良	❌主に抽象的なことについての改善、改良を指す 類 improvement（具体的なモノに対する改善）
vibrant [váibrənt] 形 活気のある、力強い	❌「生き生きとしていて活気がある」という意味の形容詞は、vivid、vital、vigorousなど「vi-」で始まる単語が多い。vibrate「振動する」と混同しないこと

95

「見る」「聴く」「書く」「言う」

　英単語を覚えたい時、身体のどの部分をどのように使うかということです。このうち、マストなのは眼で「見る」です。視覚情報は絶対必要です。そして、TOEIC のテストがリーディングだけなら、この「見る」だけでも対応できると思ってしまうかもしれません。

　しかし、実際にはリスニングもあるわけですから、耳で「聴く」ということも不可欠なトレーニングということになります。文字を見て、音声を聴くというところまでは好き嫌いの問題ではなく、実践しなくてはなりません。実際に、この2つの動作は互いに補い合う効果が期待できますので、無駄はありません。「読む」スピードを上げるためにも、「見る」だけでなく、五感を使ってのトレーニングが有効だと分かっています。

　「見る」「聴く」の次は、手で「書く」というステップです。現在は必ずしも手を使って書くというだけではなく、パソコンやスマートフォンを使って入力するということでも宜しいかと思います。これも効果はあります。私は手で英文を書き写すことを写経と呼んでいて、実践しています。記憶に残りやすいからです。

　そして口で「言う」こと、つまり声に出して喋ることですね。耳で正しい音を「聴いて」、それをリピーティングしたり、シャドーイングしたり、オーバーラッピングしたり、やり方はいろいろあります。自分に向いている方法を取り入れれば宜しいでしょう。

　「見る」「聴く」「書く」「言う」の4つの動作は、一見、別々のように思えるかもしれませんが、相互に良い影響を与えますので、是非、単語学習にも取り入れてみてください。記憶しやすくなりますし、知らない単語が知っている単語に、そして使える単語へと進化していく感覚を味わうことになる筈です。

エンジン全開!

Round 3

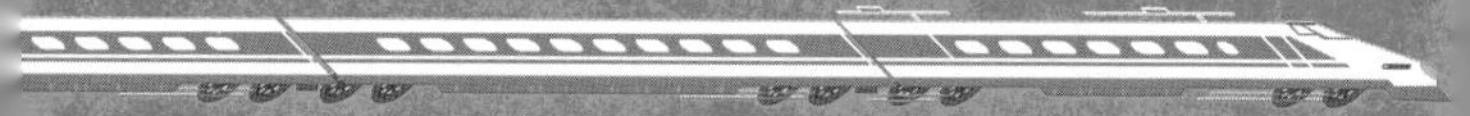

401 — 600

5 — 6

401

意欲的な**計画**

an a------- project

402

振付師としての経歴

a career as a c-------

403

締切りに2日遅れる

miss a d------- by two days

404

ひどく混雑した道を迂回する

b------- a heavily congested road

405

売上の大幅な下降

a significant d------- in sales

406

可能な限り

i------- a------- possible

407

〜の影響で

in the a------- of 〜

408

何年も断続的に続く

continue i------- for years

409

話の筋を考え出す

c------- a plot

410

新規市場への進出

a f------- into a new market

ambitious [æmbíʃəs] 形 意欲的な、熱望している	✖be ambitious to do「意欲的に〜する」、be ambitious that SV「SがVすることを熱望している」の形もとる
choreographer [kɔ̀:riágrəfər	kɔ̀riɔ́g-] 名 振付師	☺ TOEIC界では振付師の需要が恐ろしく高い 動 choreograph「〜の振り付けをする」
deadline [dédlàin] 名 締切り、期限	✖元々の意味は死線で、囚人がそれを越えると射殺された限界線のこと。TOEIC界に囚人は一人もいない。例 make a strict deadline「厳しい締切りに間に合う」
bypass [báipæs] 動 〜を迂回する、回避する	名「バイパス、迂回道路」 質問や決められた手続きなどを「無視する、考慮しない」という意味もある。つまり、すっ飛ばすということ。類 take a detour
downturn [dáuntə̀:rn] 名 下降、不況	✖down「下の方向に」+ turn「向きを変える」→「下降、不況」 例 an economic downturn「経済不況」
insofar as [ìnsəfá:r əz] 接 〜する限りにおいて	✖接続詞であることが重要 insofar as I can tell「私の知る限りにおいては」
aftermath [ǽftərmæ̀θ] 名 影響、余波	✖災害、大事件など、あまり好ましくない出来事の後を描写する言葉
intermittently [ìntərmítntli] 副 断続して	形 intermittent「断続的な」 動 intermit「一時中断する」
contrive [kəntráiv] 動 〜を考え出す	✖contrive to do「何とかして〜しようとする」 悪意をたくらむ、という悪い意味もある
foray [fɔ́:rei	fɔ́r-] 名 進出	☺「急襲、襲撃、略奪」の意味もあるが、TOEICには出ない

411
経験で知識を補う
c------- knowledge with experience

412
模範的な行動を示す
display e------- behavior

413
古代の壁画を保護する
preserve ancient m-------s

414
国際的な共同体を形成する
form an international c-------

415
重要性を実証する
e------- the importance

416
ジャズに熱中している
be p------- about jazz music

417
壊れた柵を上手く直す
c------- repair a damaged fence

418
決定を延期する
d------- a decision

419
何でも誇張して言う
e------- everything

420
実践的なアプローチを行う
take a p------- approach

complement 動 [kámpləmènt | kɔ́m-] 名 [kámpləmənt | kɔ́m-] 動 〜を補う、引き立たせる	名「補足、補足するもの」 形 complementary「補足的な」 ❎compliment「お世辞、ほめる」と発音が同じなので、リスニングでは文脈判断になる
exemplary [igzémpləri] 形 模範的な	❎モノや事柄だけでなく人にもつく an exemplary student「模範的な学生」
mural [mjúərəl] 名 壁画、天井画	😺 壁画だけでなく天井画も「mural」という。Part 7のarticleによく出る
consortium [kənsɔ́:rʃiəm, -tiəm | -tiəm] 名 共同体、合弁企業	❎コンソーシアムは日本語としても定着しているが、複数形は2つあり、consortiumsとconsortia
exemplify [igzémpləfài] 動 〜を実証する、例証する	❎illustrate by giving an example です。examplifyではない。スペルに注意！ 類 demonstrate
passionate [pǽʃənət] 形 熱中して、熱烈な	❎「熱中している」系の形容詞はたくさん出る 類 enthusiastic, eager, zealous, keen, fervid 名 passion「情熱」
cleverly [klévərli] 副 上手に、賢く	❎多義語だが、コアイメージは「如才なく」という感じ 形 clever「賢い、巧みな」 a clever answer「賢い回答」
defer [difɔ́:r] 動 〜を延期する	類 postpone, put off ❎後ろに前置詞のtoを伴うと、defer to 〜「(人の意見など) に従う」という意味になる
exaggerate [igzǽdʒərèit] 動 〜を誇張する	❎大げさに言うこと 名 exaggeration「誇張」 形 exaggerated「誇張された、大袈裟な」
pragmatic [prægmǽtik] 形 実用的な、実践的な	❎机上の理論とは対局に、実用的、実践的ということ 副 pragmatically「実用的に、実際的に」

421

要約版

an a------- edition

422

深刻な汚染に苦しむ

suffer serious c-------

423

全便が無期限に延期となった。

All flights have been i------- postponed.

424

人工肥料

an a------- fertilizer

425

雄弁な演説をする

deliver an e------- address

426

交代制で順番に行う

take turns on a r------- basis

427

熟練した職人技を示す

display expert c-------

428

はっきりと明記されている通り

as e------- stipulated

429

のどかな環境で暮らす

live in an i------- setting

430

自己の権利を宣言する

p------- one's rights

abridged	動 abridge「〜を要約する」
[əbrídʒd]	名 abridgement「要約」
形 要約された	

contamination	関 contaminant は「汚染物質」で、こちら
[kəntæmənéiʃən]	は可算名詞
名 汚染	動 contaminate「〜を汚染する」

indefinitely	例 proliferate indefinitely「無限に増殖す
[indéfənitli]	る」
副 無期限に、無制限に	✕何かが不確定である時に使う便利な副詞

artificial	✕必ずしも悪い意味ではなく、人の手が加
[à:rtəfíʃəl]	えられているということ
形 人工的な	反 natural「自然な」

eloquent	副 eloquently「雄弁に」
[éləkwənt]	talk eloquently about〜「〜を雄弁に語
形 雄弁な、説得力のある	る」

rotating	🐸 Part 5の品詞問題で出る。rotated を
[róuteitiŋ, -́- | routéitiŋ]	選ばないこと
形 交代制の、輪番の	

craftsmanship	✕TOEIC界では、職人技がもてはやされる
[krǽftsmənʃip | krá:f-]	類 artisanship
名 職人技	

explicitly	✕難しい単語だが、頻繁に出くわす
[iksplísitli]	同 clearly, expressly
副 はっきりと、明確に	反 implicitly「暗に、それとなく」

idyllic	✕ホテルや別荘などの売り文句に使われる。
[aidílik | idílik]	週末は都会の喧騒を離れて、のどかな別荘
形 のどかな、牧歌的な	で過ごしましょう！

proclaim	✕proclaim O C「O を C だと宣言する」、
[prouklÉim, prə-]	proclaim that SV「S が V だと宣言する」の
動 〜を宣言する、公表する	形もある

431
海外進出の企てを断念する
a------- an attempt to expand overseas

432
ほとんどのソフトと互換性がある
be c------- with most software

433
産休の資格がある
be e------- for maternity leave

434
明らかに異なる
be d------- different

435
Rabbit は2週間入院した。
Rabbit was h-------d for two weeks.

436
高温に耐える
w------- a high temperature

437
部屋の大きさを測る
measure the d-------s of a room

438
説得力のある証拠を無視する
i------- compelling evidence

439
滞納金を送る
send a d------- payment

440
主張に反論する
r------- a claim

abandon [əbǽndən] 動 ～を断念する、捨てる	❈国内で成功した会社は海外に進出していくのがTOEICの常識
compatible [kəmpǽtəbl] 形 互換性がある、相性が良い	❈コンピュータの世界では、互換性が最重要課題のひとつ 例 a compatible partner「相性が良い相手」
eligible [élidʒəbl] 形 資格のある、適した	❈後ろに置かれる前置詞は「for」。類義語の entitled の場合、後ろは「to」なので混同しないこと
decidedly [disáididli] 副 明らかに、きっぱりと	❈動詞のdecideは「決着をつける」という意味なので、決着がついていてもはや議論の余地がない程明らかだ、ということ 形 decided「明らかな、断固とした」
hospitalize [háspitəlàiz | hɔ́s-] 動 ～を入院させる	❈他動詞であることが重要 例 hospitalize a patient「患者を入院させる」
withstand [wiðstǽnd, wiθ-] 動 ～に耐える	例 withstand extraordinary pressures「途轍もないプレッシャーに耐える」 類 endure
dimension [diménʃən | dai-] 名 大きさ、寸法	❈長さや幅、高さなど、様々なサイズのことを表す単語。面積や体積を表す場合もある
ignore [ignɔ́ːr] 動 ～を無視する	❈このメールに心当たりのない方は無視してください、という時に使われる 類 disregard
delinquent [dilíŋkwənt] 形 延滞の、滞納している	❈ TOEC界では滞納する人は滅多にいないし、滞納しても決して悪びれない
refute [rifjúːt] 動 ～に反論する、論破する	❈直後に人も目的語にとる 例 refute an opponent「相手を論破する」

105

441

心温まる逸話

a warm a-------

442

図書館長

a c------- of the library

443

造園会社

a l------- company

444

信長は私の遠い祖先である。

Nobunaga is a distant a------- of mine.

445

国の気象学者たちによれば

according to government m-------s

446

年間降水量が多い

have a high annual p-------

447

幼児期に

during i-------

448

相互援助

r------- assistance

449

白熱する議論

a f------- discussion

450

提案を承認する

r------- a proposal

anecdote [ǽnikdòut] 名 逸話	✕Part 7のarticleにたまに出てくる単語。知っていれば何ということもないが、知らないと結構悩む
curator [kjuəréitər, –́––|–––́–] 名 館長、管理者	✕リスニングセクションのPart 3と4に頻出する肩書き 例 a museum curator「博物館の館長」
landscaping [lǽndskèipiŋ] 名 造園	関 landscaper「造園師、庭師」 landscape「景観、景色」
ancestor [ǽnsestər] 名 祖先、先祖	反 descendant「子孫」 形 ancestral「先祖の、先祖代々の、祖先の」
meteorologist [mì:tiərάlədʒist|-rɔ́l-] 名 気象学者	☺「気象予報士」はweather forecasterという。気象庁はthe Meteorological Agencyというが、TOEICには出ない
precipitation [prisìpətéiʃən] 名 降水量	✕participation「参加」と間違えた人がいたが、全然違う 類 amount of rainfall
infancy [ínfənsi] 名 幼児期	☺Part 7のarticleによく出てくる。この単語をヒントに、幼い頃、その人が何処に住んでいたか分かる
reciprocal [risíprəkəl] 形 相互の	✕「相互の」→「ギブアンドテイクの」ということ 類 mutual
fervid [fə́:rvid] 形 白熱する、熱烈な	副 fervidly「熱烈に、白熱して」 名 fervor「熱烈さ、熱心さ」
ratify [rǽtəfài] 動 ～を承認する、批准する	✕難しい単語だが、忘れた頃にまた出現する 類 approve, endorse, authorize

451

より良い賃金を求めて交渉する

b-------- for better pay

452

製造を中止する

d-------- manufacturing

453

我々のサービスに対するご意見を尊重する

value your i-------- on our service

454

膨大な知識

an i-------- amount of knowledge

455

あまりにも野心的な目標

an o-------- ambitious goal

456

天然資源を保護する

s-------- natural resources

457

夢を大切にする

c-------- a dream

458

芸術に対する才能

an i-------- for art

459

考古学的研究を妨げる

i-------- archeological research

460

豪華な祝宴

a s-------- feast

bargain [báːrɡən] **動** 交渉する	※bargain to do「〜しようと交渉する」の形もとる **名**「格安品、掘り出し物」
discontinue [dìskəntínjuː] **動** 〜を中止する、中断する	※直後にモノを目的語にとるか、動名詞のdoingを目的語にとる
input [ínpùt] **名** 意見、情報、入力	※「意見」という意味がTOEICでは重要 **類** idea, advice, feedback, comment
immense [iméns] **形** 膨大な、巨大な、莫大な	**副** immensely「非常に、莫大に」 immensely satisfying results「非常に満足のいく結果」
overly [óuvərli] **副** あまりにも、過度に	※度が過ぎていて、一般的な基準を超えている時に使う **類** excessively, exceedingly
safeguard [séifɡàːrd] **動** 〜を保護する、守る	※safeguard A against B「AをBから守る」 **名**「保護、保証」
cherish [tʃériʃ] **動** 〜を大切にする	😊 こんな名前の男女のデュオがいる。人や動物をかわいがる、大事に育てる、という意味もある、優しいイメージの言葉
instinct [ínstiŋkt] **名** 才能、素質、本能、直観	※後天的に取得したものではなく、生まれながらにして持っている才能や素質をいう
impede [impíːd] **動** 〜を妨げる、遅らせる	※impede A from doing「Aが〜するのを妨げる」も重要
sumptuous [sʌ́mptʃuəs] **形** 豪華な、贅沢な	※ラテン語のsumptus「費用」からきている言葉なので、「お金をかけて」豪華な、贅沢な、ということ **類** luxurious, luxury, lavish, gorgeous

461

並外れた指導力を実証する

d------- exceptional leadership

462

旅費を払い戻す

reimburse travel e-------s

463

奨学金を出す

fund a s-------

464

伝えられるところでは、その会社は倒産するかもしれない。

A-------, the business may go into bankruptcy.

465

単なる不注意による事故

an accident due to mere n-------

466

海外に送金する

r------- money overseas

467

ビルを取り壊す

d------- a building

468

骨の折れる仕事を引き受ける

accept a l------- undertaking

469

詳細に描く

m------- describe

470

短い滞在の後

after a brief s-------

demonstrate [démənstrèit] 動 ～を実証する、実演する	形 demonstrated「証明された」= proven a demonstrated ability「実証済の能力」
expenditure [ikspénditʃər] 名 費用、出費、支出	🌐 TOEIC界では旅費の精算の話が多い 類 expense 動 expend「～を費やす」
scholarship [skálərʃip | skɔ́lə-] 名 奨学金	🌐 様々な意味があるがTOEICでは「奨学 金」の意味だけ覚えていればOK
allegedly [əlédʒidli] 副 伝えられるところでは	✗ 主に否定的な事柄について用いることが 多い。文頭に出てくるとドキッとする 動 allege「～を主張する、断言する」
negligence [néglidʒəns] 名 不注意、怠慢	✗ Eメールやレターの謝罪文によく出てくる 形 negligent「怠慢な、不注意な」
remit [rimít] 動 ～を送金する	✗「免除する、軽減する、思いとどまる」な どの意味もあるが、TOEIC界では「(お金や 小切手) を送る」という意味が重要 名 remittance「送金 (方法)」
dismantle [dismǽntl] 動 ～を取り壊す、解体する、分解する	類 demolish (～を破壊する) 類 disassemble (～を分解する)
laborious [ləbɔ́:riəs] 形 骨が折れる、労力を要する	✗ 人が勤勉でよく働くという意味もある 名 labor「労働、労力、骨折り」
minutely 微細に [mainjúːtli | -njúːtli] 1分おきに [mínitli] 副 詳細に、綿密に	✗「絶え間なく、1分おきに」と、形容詞で 「1分おきの」という意味もある。その場合、 発音が異なるので注意
sojourn [sóudʒəːrn | sɔ́dʒ-] 名 滞在、逗留	✗ あまり見慣れない単語かもしれないが、 Part 6と7では、たまに出る 動「滞在する」

471

彼女は才能ある彫刻家として認められている。

She is a-------d as a gifted sculptor.

472

今度の展示会

a f------- exhibition

473

良き指導者となる

serve as a m-------

474

水中の生き物を見る

witness aquatic c-------s

475

完璧な英語を話す

speak f------- English

476

直属の部下

an immediate s-------

477

理想を具現化する

e------- an ideal

478

わずかな資源

m------- resources

479

思い出に耽る

i------- in reminiscences

480

平穏無事な生活を送る

lead an u------- life

acknowledge [æknálidʒ, ək-|-nól-] 動 〜を認める	「高く評価する」という意味の他に「何かに気づく」という意味もある 名 acknowledgement「承認、認識、謝辞、挨拶」
forthcoming [fɔ̀rθkʌ́miŋ] 形 今度の、来るべき	upcoming と同様、望ましい出来事を待ち受けるイメージで使う
mentor [méntɔːr] 名 良き指導者	動「〜を指導する」 mentoring program は「指導教育プログラム」 関 mentee「指導を受ける人」
creature [kríːtʃər] 名 生き物	水族館に行くのは TOEIC のツアーの定番。オプションで水族館か動物園か選んだりする
flawless [flɔ́ːlis] 形 完璧な、欠点のない	いつの日かそうなりたいものだ flaw「欠点」+ less「〜がない」=「欠点がない」
subordinate 名 形 [səbɔ́ːrdənət] 動 [səbɔ́ːrdənèit] 名 部下	形「〜より下位の、部下の」 動「〜を従わせる」 反 supervisor, superior, boss「上司」
embody [imbádi|-bɔ́di] 動 〜を具現化する、具体化する	理念、理想、概念、着想、信仰など、無形のものを具体化するイメージの単語
meager [míːgər] 形 わずかな、貧弱な	類 scarce, poor 反 plentiful「あり余る、豊富な」
indulge [indʌ́ldʒ] 動 耽る、熱中する	他動詞の用法もあるが、TOEIC では前置詞「in」を伴う自動詞の用法で使われることが多い
uneventful [ʌnivéntfəl] 形 平穏無事な、順調な	un + event なので、これといって大きな出来事もない、という意味 副 uneventfully「無事に、何事もなく、順調に」

113

| 481 | ~について意見の一致を見る |
| | reach c------- on ~ |

| 482 | 苦情を申し立てる |
| | f------- a complaint |

| 483 | たくさんの蔵書 |
| | a n------- collection of books |

| 484 | 控えめな質問をする |
| | ask d------- questions |

| 485 | 多作の脚本家 |
| | a prolific p------- |

| 486 | 丸いテーブルと長方形のテーブル |
| | a round table and a r------- one |

| 487 | 任意の決定 |
| | an a------- decision |

| 488 | キャリア志向の人 |
| | a career o------- person |

| 489 | 契約違反 |
| | b------- of the contract |

| 490 | 発芽し始める |
| | begin to s------- |

consensus [kənsénsəs] 名 意見の一致、総意	※もはや、「コンセンサス」という日本語として定着している
file [fáil] 動 〜を申し立てる、提出する	😊 TOEIC界の従業員は、苦情くらいで慌てることはなく、悪びれもせずにバウチャーを大盤振る舞いする 動詞であることに注意 名「ファイル」
numerous [njúːmərəs | njúː-] 形 たくさんの、多数の	例 numerous times「何度も」 副 numerously「おびただしく」
discreet [diskríːt] 形 控えめな、慎重な、賢明な	※It is discreet of 人 to do「(人) が〜するのは賢明だ」の用法もある 副 discreetly「控えめに、慎重に」
playwright [pléiràit] 名 脚本家	※playwright-director は「脚本家兼監督」の一人二役
rectangular [rektǽŋgjulər] 形 長方形の	※これが Part 1で出た時は驚いた 関 square「正方形の」 triangular「三角形の」
arbitrary [áːrbətrèri] 形 任意の、恣意的な	😊 Part 5の誤答選択肢で見かける難単語。正解になったのを見たことはない
oriented [ɔ́ːrièntid] 形 〜志向の、〜本位の	例 client-oriented「顧客本位の」 動 orient「〜に方向を合わせる」から生まれた形容詞
breach [bríːtʃ] 名 違反、侵害	😊 TOEIC界の住人は契約違反はしないが、度々約束を忘れる 動「(契約や約束など) を破る、破棄する」
sprout [spráut] 動 発芽する	※あまり馴染みのない単語だが Part 7でたまに出る 名「新芽、芽」

115

491

正確に病気を診断する

d-------- a disease accurately

492

差し迫った危機に瀕して

in i------- danger

493

統計的に証明されている

be s-------- proven

494

伝染病を撲滅する

eradicate an e-------

495

先駆的な役割を果たす

play a p-------- role

496

部屋を立ち退く

v------- a room

497

世界中の注目を集める

g------- attention around the world

498

良い点と悪い点を比較する

weigh up the p-------- a-------- c--------

499

優れた洞察力

remarkable a-------

500

逆境を克服する

overcome a-------

diagnose [dáiəgnòus, -nòuz ǀ -nòuz] 動 ～を診断する	名 diagnosis「診断」 形 diagnostic「診断用の」 a diagnostic tool「診断手段」
imminent [ímənənt] 形 差し迫った	🐼 upcoming と逆で、直近に好ましくないことが控えているイメージの言葉
statistically [stətístikəli] 副 統計的に	名 statistics「統計 (学)」 形 statistical「統計の、統計に基づく」
epidemic [èpədémik] 名 伝染(病)、蔓延	🐼 新型のウイルスを誰かに撲滅してほしい 形「蔓延している、流行している」
pioneering [pàiəníəriŋ] 形 先駆的な、草分け的な	名 pioneer「開拓者、先駆者」 🐼「～分野のパイオニア」など、日本語としても定着している
vacate [véikeit, vəkéit] 動 ～を立ち退く、明け渡す	🐼「～を辞任する」の意味も vacate the presidency「社長職を辞任する」
garner [gáːrnər] 動 ～を集める、獲得する	🐼 TOEIC界の企業や実業家はとにかく attention を集めたい! 類 draw, raise, attract
pros and cons [próuz ənd kánz ǀ kɔ́nz] 名 良い点と悪い点、賛否	🐼 知らないと、何だろうと考え込んでしまうが、知っていればどうってことない 類 advantages and disadvantages
acumen [əkjúːmən, ǽkju:-] 名 洞察力、慧眼	🐼「acu」はラテン語の「acus」で「針」、切れ味鋭い尖ったイメージ
adversity [ædvə́ːrsəti] 名 逆境、苦境、困難な出来事	🐼 TOEIC界では、逆境を克服して成功し、故郷で錦を飾る人が続出する 類 plight, predicament

| 501 | 適切な服装 |
| | a------- attire |

| 502 | 住人に退去するよう説得する |
| | p------- residents to vacate |

| 503 | 優雅にして頑丈な家具 |
| | elegant yet s------- furniture |

| 504 | 芳醇な香りを放つ |
| | emit a rich f------- |

| 505 | 実証済の能力 |
| | a p------- capability |

| 506 | 2～3日あれば十分です。 |
| | A few days will s-------. |

| 507 | 外国旅行の魅力 |
| | the a------- of foreign travel |

| 508 | 首尾よくキャンペーンを行う |
| | w------- successful campaigns |

| 509 | 事故について詳しく述べる |
| | p------- an incident |

| 510 | 先見の明があるリーダー |
| | a v------- leader |

appropriate 形 [əpróupriət] 動 [əpróuprièit] 形 適切な、相応しい	⚠️ attireは不可算名詞 動「〜を割り当てる」も重要
persuade [pərswéid] 動 〜を説得する、説得して〜させる	形 persuasive「説得力のある」 persuasive evidence「説得力のある証拠」 類 convince
sturdy [stə́:rdi] 形 頑丈な、揺るぎない	⚠️「形容詞A yet（またはbut）形容詞B」の形 は大事 例 sturdy assertion「揺るぎない主張」
fragrance [fréigrəns] 名 香り、芳香	形 fragrant「香りのよい」 類 scent, aroma
proven [prú:vən] 形 実証済の、証明された	⚠️ これから身につけることが期待されてい る能力ではなく、既に備わっている能力 類 demonstrated　動 prove「〜を証明す る、〜であることが分かる」
suffice [səfáis] 動 十分である	⚠️ 助動詞のwill, wouldと相性の良い自動 詞 形 sufficient「十分な」から連想しやすい
allure [əlúər] 名 魅力、魅惑	動「〜を魅了する」 形 alluring「魅惑的な」
wage [wéidʒ] 動 〜を行う	🐼 こんな動詞がPart 7の同義語問題で狙 われる 名「賃金、給料」
particularize [pərtíkjuləràiz] 動 〜を詳しく述べる、特定化する	名 particularity「特定性、詳細、特徴」 形 particular「特定の、特有の」 副 particularly「特に、とりわけ」
visionary [víʒənèri｜-nəri] 形 先見の明がある、洞察力のある	名「先見の明がある人」 関 vision「先見の明、洞察力」

511

地理上の境界線

geographical b--------ies

512

正確に距離を測る

accurately g------- the distance

513

これは部分的な解決にしかならない。

This will be only a p------- solution.

514

製品に対して責任がある

be held a------- for the products

515

損失を補う

o------- a loss

516

ある程度理解できる

be s------- understandable

517

立派な行為

h------- conduct

518

一見複雑に見える問題

s------- complicated problems

519

日食を観察する

observe a solar e-------

520

支払不能になる

become i-------

boundary [báundəri] 名 境界線、境界	例 the boundary between art and advertising「芸術と宣伝の境界」 空所は複数形のため boundaries となる
gauge [géidʒ] 動 〜を測る、測定する	⊗動詞もあることを覚えておこう 名「測定基準、尺度」
partial [páːrʃəl] 形 部分的な、不公平な	例 review through a partial eye「不公平な目で見る」 反 impartial「公平な」
accountable [əkáuntəbl] 形 責任がある	類 responsible liable は法的に責任がある、ということなので少しニュアンスが異なる 名 accountability「責任、説明責任」
offset 動 [ɔ̀ːfsét|ɔ̀f-] 名 [ɔ́ːfsèt|ɔ́f-] 動 〜を補う、相殺する	名「相殺するもの、埋め合わせ、代償」 類 balance, set off
somewhat [sʌ́mhwὰt, -hwὰt|-wɔ̀t] 副 ある程度、幾分	⊗副詞であることを覚えておこう 関 somehow「どうにかして」
honorable [ánərəbl|ɔ́n-] 形 立派な、著名な	⊗honored「光栄に思う」と区別 We are honored by your visit.「お越しいただき光栄です」
seemingly [síːmiŋli] 副 一見、見たところ	☺ Part 5の誤答選択肢の常連 形 seeming「うわべの、外見上の」
eclipse [iklíps] 名 日食、月食	例 a lunar eclipse「月食」 動「〜を上回る」 この動詞を知っている人は達人クラス!
insolvent [insálvənt|-sɔ́l-] 形 支払不能の、破産した	⊗bankrupt に限りなく近く、倒産の一歩手前 反 solvent「支払い能力がある」

121

521
SがVであると皆を納得させる
c------- everyone that SV

522
違法アクセスを防止する
prevent i------- access

523
新しい冷蔵庫を購入する
purchase a new r-------

524
取引をやめる
c------- to do business

525
会社全体の再編
r------- of the entire company

526
無条件で返品を受け付ける
u------- accept returns

527
音響的に満足のいく会場
an a------- satisfying venue

528
信じられない物語
an incredible n-------

529
難解な法律用語
the a------- language of the law

530
重要な情報を広める
d------- vital information

convince [kənvíns] 動 〜を納得させる、確信させる	✖ convince 人 to do「〜するよう（人）を説得する」の語法もある 例 be convinced of〜「〜を確信している」
illegal [ilí:gəl] 形 違法の、不法の	類 unlawful 反 legal, lawful「合法の、適法の」
refrigerator [rifrídʒərèitər] 名 冷蔵庫	動 refrigerate「〜を冷やす、冷蔵する、冷凍する」
cease [sí:s] 動 〜をやめる、中止する	✖ 後ろに不定詞も動名詞もとる動詞 名「終止」 without cease「絶え間なく」
restructuring [rì:strʌ́ktʃəriŋ] 名 再編、再構築	動 restructure「〜を再構築する」 一方的な人員整理のような意味はない
unconditionally [ʌ̀nkəndíʃənəli] 副 無条件で	✖ without any condition, with no condition と同じ意味
acoustically [əkú:stikəli] 副 音響的に	😊 アコースティック・ギターなどから連想して覚えられる
narrative [nǽrətiv] 名 物語	動 narrate「〜を述べる、物語る」から連想しやすい
arcane [ɑːrkéin] 形 難解な	✖「難解な」という意味の難解な単語。一部のマニアしか分からないような「難しさ」を表している
disseminate [disémənèit] 動 〜を広める、発信する	🎓 990点レベルの超難単語 名 dissemination「宣伝、普及」

| 531 | 輸入品に依存している |
| | **be d------- on imports** |

| 532 | 貴重品（所有物） |
| | **valuable p-------** |

| 533 | 50年にわたる記憶 |
| | **a memory that s-------s 50 years** |

| 534 | 著しい進歩を遂げる |
| | **make m------- advances** |

| 535 | 専門家としての名声を得る |
| | **gain professional p-------** |

| 536 | あなたに完全に同意する |
| | **t------- agree with you** |

| 537 | 致命的な誤解を招く |
| | **trigger a f------- misunderstanding** |

| 538 | 店先の日よけ |
| | **s------- awnings** |

| 539 | 極めて重要な問題 |
| | **a c------- issue** |

| 540 | 重大な転換期を迎える |
| | **reach a m------- turning point** |

dependent [dipéndənt] 形 依存している	類 reliant 名 dependence「依存」 = reliance 反 independent「依存しない、独立している」 後ろの前置詞は of
possessions [pəzéʃənz] 名 所有物	◎ 身の回り品、という意味合いが強い 類 belongings, personal effects
span [spǽn] 動 ～にわたる、またぐ	◎ 名詞としては認識していても、動詞は知らない人が多い 名「長さ、距離、時間、期間」 フレーズの that は主格の関係代名詞
marked [máːrkt] 形 著しい、際立った	副 markedly「著しく、際立って」 be markedly different「著しく異なる」
prestige [prestíːʒ, -tíːdʒ] 名 名声、信望	形 prestigious「名高い、名誉ある」 ◎ prestige にも「名高い、名誉ある」という意味の形容詞の用法があるが、名詞の前に置く限定用法でしか使えない
totally [tóutəli] 副 完全に、全く	⚠ Part 5誤答の選択肢常連。totally に「合計で」という意味はない 関 in total「合計で」
fatal [féitl] 形 致命的な、重大な	副 fatally「致命的に、必然的に」 名 fate「運命、宿命」
storefront [stɔ́ːrfrʌ̀nt] 名 店先、店頭	◎「(道路に面した) 店舗、事務所」という意味もあることを併せて覚えておこう
cardinal [káːrdənl] 形 極めて重要な、基本的な	例 cardinal rules「基本的なルール」 類 essential, vital, crucial(極めて重要な) 類 fundamental (基本的な)
momentous [mouméntəs, mə-] 形 重大な、重要な	名 moment にも「重要性」という意味があるbe of little moment「大して重要ではない」

541	観客は熱狂的に拍手喝采した。 The audience a-------ed enthusiastically.
542	〜のすぐ近くに in immediate p------- to 〜
543	先例のない経済成長を達成する achieve u------- economic growth
544	全く不明瞭である be utterly o-------
545	下水設備を改善する improve a s------- system
546	飛び込み客 a w------- customer
547	多様な人々と交流する m------- with a diverse range of people
548	際立った特徴 a distinctive t-------
549	生まれつきの芸術的才能 i------- artistic abilities
550	簡潔な概要報告 a brief r-------

applaud [əplɔ́ːd] **動** 拍手喝采する	※Part 1で出る。他動詞用法もある They're applauding a performer.「彼らは演者に拍手喝采を送っている」
proximity [prɑksíməti | prɔk-] **名** 近いこと、近接	※「〜に近い」「近くに〜がある」ということは、Part 7解答のキーワードになることが多い **類** vicinity
unprecedented [ʌnprésədentid, -dənt-] **形** 先例のない	※precedented「先例のある」に否定の「un」がついている形。独創性や初めての試みであることを示す言葉
obscure [əbskjúər] **形** 不明瞭な、曖昧な	※「無名な」という意味もある an obscure poet「無名の詩人」 **動**「〜を見えなくする、曖昧にする」
sewage [súːidʒ | sjúː-] **名** 下水、汚水	🐼 TOEIC界では時折、下水設備の修理が行われ、テナントに案内される **例** sewage pipe「下水管」 **類** drainage
walk-in [wɔ́ːkìn] **形** 飛び込みの、予約なしの	※walk-in closet は立ったまま出入りができるクローゼットをいう
mingle [míŋgl] **動** 交流する	※minglingで「人と話すこと、交流すること」 **類** socialize
trait [tréit | tréi] **名** 特徴、特色	※trail「小道、足跡」と見間違えないこと **類** characteristic, featureもTOEIC頻出
inherent [inhérənt, -híərənt] **形** 生まれつきの、生来の	**副** inherently「本質的に」 **類** innate, natural
rundown [rʌ́ndàun] **名** 概要報告、概要	※句動詞の run down は「〜の要点を説明する」 **類** summary, briefing

551

老朽化した施設

a------- facilities

552

～についての懸念を煽る

f------- concerns about ～

553

激しい競争にもかかわらず繁栄する

t------- despite fierce competition

554

最終的な決断を下す

make a c------- decision

555

容易に入手可能である

be r------- accessible

556

驚くべき好転を成し遂げる

achieve a remarkable t-------

557

～に投票する

cast a b------- for ～

558

明確な証拠

t------- proof

559

鋭い分析技術

a------- analytical skills

560

故意に議事進行を遅らせる

k------- delay the proceedings

aging [éidʒiŋ] 形 老朽化した、年老いた	😊 TOEIC界では、老朽化した美術館が取り壊され、近代的な図書館に生まれ変わったりする 反 anti-aging「老化防止の」
fuel [fjúːəl, fjúəl] 動 〜を煽る、助長する	✖名詞としては認識していても、動詞は知らない人が多い単語 名「燃料」
thrive [θráiv] 動 繁栄する、成功する	形 thriving「繁栄している」も重要 a thriving firm「繁栄している会社」
conclusive [kənklúːsiv] 形 最終的な、決定的な	例 conclusive evidence「決定的な証拠」 反 inconclusive「決定的でない」
readily [rédəli, -ili] 副 容易に	✖read「読む」を連想しがちだが、ready「準備ができている」の副詞 類 easily
turnaround [tɔ́ːrnəràund] 名 好転、転換	✖落ち込んでいた会社の業績が好転するような状況を指す turn around で「(市場経済などが) 好転する」
ballot [bǽlət] 名 投票	✖「〜に反対票を投じる」なら、cast a ballot against〜となる。賛成票の前置詞は for、反対票の前置詞は against と覚えよう
tangible [tǽndʒəbl] 形 明確な、触れることができる	✖「触れることができる」→「実在する」→「明確な」となる 反 intangible「無形の、触れることができない」
astute [əstjúːt | -tjúːt] 形 鋭い、明敏な	例 an astute banker「明敏な銀行家」 類 shrewd, intelligent, acute
knowingly [nóuiŋli] 副 故意に、訳知り顔で	✖Part 5の誤答の選択肢に登場する 例 speak knowingly of〜「〜を訳知り顔で話す」

561
足場を設置する
e------- **scaffoldings**

562
将来について楽観的だ
be o------- **about the future**

563
極めて重要な役割を果たす
play a v------- **role**

564
湿気に強い
be resistant to m-------

565
学期末に
at the end of a s-------

566
歌手になりたいと熱望する
y------- **to be a singer**

567
トレイに紙を補充する
r------- **paper in a tray**

568
感染しやすい
be v------- **to infection**

569
数量の不足
d------- **in quantity**

570
抜け目ない起業家
a s------- **entrepreneur**

erect [irékt] 動 ～を設置する、建設する、設立する	◎スペルが似ている elect「～を選ぶ、選出する」と間違えないこと 類 build, construct
optimistic [àptəmístik | ɔ̀p-] 形 楽観的な	◎be optimistic that SV「SがVであると楽観している」の形もとる 反 pessimistic「悲観的な」
vital [váitl] 形 極めて重要な、不可欠な	◎It is vital that SV（原形）「SがVすることは不可欠である」の形も頻出
moisture [mɔ́istʃər] 名 湿気、湿度	◎moisture cream は肌に潤いを与える化粧品のこと
semester [siméstər] 名 学期	◎季節の言葉を伴って、the spring semester「春学期」などという
yearn [jə́:rn] 動 熱望する、切望する	類 desire, long と同様、後ろに to 不定詞をとる 名 yearning「あこがれ、切望」
replenish [ripléniʃ] 動 ～を補充する	◎空いているスペースに何かを補給して埋めるイメージの言葉 類 refill
vulnerable [vʌ́lnərəbl] 形（攻撃などを）受けやすい、弱い	類 susceptible 名 vulnerability「脆弱性」
deficiency [difíʃənsi] 名 不足、欠陥、欠乏	形 deficient「不足している、不十分な、欠陥のある」 ◎deficit「欠損、赤字」にも「不足、欠陥」の意味もある
savvy [sǽvi] 形 抜け目ない、機転が利く	名「理解力、判断力、知識、機転」 類 shrewd

131

571 市場の動向を予測する
f-------- **market trends**

572 再生可能エネルギー資源
r-------- **energy resources**

573 欠員を埋める
fill up a v--------

574 もろい関係を安定させる
s-------- **a fragile relationship**

575 世界的に認められる
acquire u-------- **recognition**

576 財政支援を保留する
w-------- **financial support**

577 新時代の幕開けに
at the d-------- **of a new era**

578 真実を明らかにする
u-------- **the truth**

579 サービスの質を改善する
a-------- **service quality**

580 鋭い分析
an i-------- **analysis**

foresee [fɔːrsíː] 動 〜を予測する、予想する	類 predict, forecast, anticipate, speculate 名 foresight「先見の明」
renewable [rinjúːəbl	-njúː-] 形 再生可能な	😀 TOEIC界では、化石燃料に代わる太陽光発電、風力発電、水力発電などが注目されている
vacancy [véikənsi] 名 欠員	類 job opening ⊗「空室」の意味もある 形 vacant「空いている」
stabilize [stéibəlàiz] 動 〜を安定させる	名 stability「安定性、不変性」 stabilization「安定化、固定化」
universal [jùːnəvɔ́ːrsəl] 形 世界中の、普遍的な	副 universally「普遍的に、広く」も重要 universally accepted「万人に受け入れられている」
withhold [wiðhóuld, wiθ-] 動 〜を保留する、抑える	⊗withhold 人 from doing「(人)が〜することを抑える」の形もある 類 hold back
dawn [dɔ́ːn] 名 幕開け、夜明け、始まり	例 the dawn of civilization「文明の始まり」、before dawn「夜明け前に」
uncover [ʌnkávər] 動 〜を明らかにする、発見する	⊗「暴露する」という意味もあるが、TOEICには出ない 類 unveil
ameliorate [əmíːljərèit] 動 〜を改善する、改良する	😀 990点レベルの超難単語! 類 improve 名 amelioration「改善、改良」
incisive [insáisiv] 形 鋭い、辛辣な	動 incise「刻む、切込みを入れる」のイメージから「鋭い」を連想しやすい

581
極めて重大な局面
a c------- phase

582
間違いなく最も人気のあるバンド
e-------- the most popular band

583
珍しい生き物がいる
be h------- to rare creatures

584
花でテーブルを飾る
a-------- the table with flowers

585
懸案の決定事項
a p-------- decision

586
3世代続けて
for three s------- generations

587
他人への思いやり
c------- toward others

588
たくさんの人々
s------- of people

589
市場性の高い製品を輸入する
import m------- products

590
画家バンクシーの回顧展
a r------- of painter Banksy

crucial [krúːʃəl] 形 極めて重大な、不可欠な	❌It is crucial that SV（原形）「SがVすることは不可欠である」の形もとる
easily [íːzili] 副 間違いなく、明らかに	❌「簡単に、容易に」以外で、最上級のtheの前に置く用法も押さえておきたい 類 definitely
home [hóum] 形 （〜が）ある、所在する	😊 Part 6と7によく出てくる表現 homeは「家」だけじゃない
adorn [ədɔ́ːrn] 動 〜を飾る	類 decorate 名 adornment「装飾、装飾品、アクセサリー」
pending [péndiŋ] 形 懸案の、未解決の	前「〜の間」 pending negotiations「交渉の間」
successive [səksésiv] 形 連続的な	❌successful「成功している」と区別して覚えよう 類 consecutive, straight
compassion [kəmpǽʃən] 名 思いやり、同情	例 feel compassion for〜「〜に同情する」 形 compassionate「思いやりのある、同情心のある」
scores [skɔ́ːrz] 名 たくさん、多数	例 for several scores of years「長年の間」 この意味では「scores」と必ず複数形になる
marketable [máːrkitəbl] 形 市場性の高い、よく売れる	反 non-marketable「市場性のない」 名 marketability「市場性」
retrospective [rètrəspéktiv] 名 回顧展	❌retrospective exhibitionともいう 形「追想にふける、回顧的な」

591 集中訓練プログラム
an i------- training program

592 雄大な山の風景
m------- mountain scenery

593 半年ごとの販売報告書を提出する
submit a s------- sales report

594 直径3メートルある
have a d------- of 3 meters

595 エキゾチックな香り
exotic s-------

596 卒業論文を書く
write a graduation t-------

597 大胆な計画を思いつく
c------- a bold plan

598 親しみやすい性格
a p------- character

599 米の生産に大打撃を与える
d------- rice production

600 魅惑的な城を思い出す
remember an e------- castle

intensive	◈同じ形容詞の intense も「強烈な、激しい」の他「集中した」という意味がある
[inténsiv]	
形 集中的な	

majestic	◈風景の描写によく使われる形容詞
[mədʒéstik]	名 majesty「荘厳、威厳」
形 雄大な、壮大な	

semiannual	◈年1回ではなく2回というところがポイント。Part 7では注意したい単語
[sèmiǽnjuəl]	類 biannual
形 半年ごとの、年2回の	副 semiannually「年2回、半年ごとに」

diameter	◈「me, meter, metry」は「計る」系の語源
[daiǽmətər]	関 radius「半径」
名 直径	

scent	◈perfume「香水」の意味もある
[sént]	類 fragrance, aroma
名 香り、芳香	

thesis	◈「テーマ」という意味もあり、この意味では 類 theme。
[θíːsis]	複数形はthesesとなる
名 論文、主張	

conceive	◈「come up with」が近い表現
[kənsíːv]	形 conceivable「想像できる」
動 ～を思いつく、着想する	

personable	類 approachable
[pə́ːrsənəbl]	関 personal「個人の、個人的な」
形 親しみやすい、魅力的な	

devastate	形 devastated「荒廃した、打ちのめされた」
[dévəstèit]	a devastated area「荒廃した地域」
動 ～に大打撃を与える、荒廃させる	

enchanting	動 enchant「～を魅了する」
[intʃǽntiŋ | -tʃɑ́ːnt-]	関 enchanted「魅了された」
形 魅惑的な	

🐼 夜覚えて朝チェック

　英単語を覚えるのはいつ？ つまり英単語の記憶に相応しい時間帯のことを言っています。諸説あるのですが、私のお勧めは、夜眠る直前に覚えることです。私は脳科学者ではありませんので詳しいことは分かりませんが、人間の脳は眠っている間に情報を整理する特徴があるようです。

　自分自身の体験を思い出すと、往復の通勤時間に電車の中で覚えられなかった単語を、夜眠る前に眺めていたのです。特に覚えようともせずに何となく眺めていた単語を、翌朝になってチェックしてみると、意外に高確率で覚えているということがありました。

　なるほど、就寝前に英単語を覚えるというルーティンは一理あると思ったものです。頭にハチマキを巻いて必死に覚えようとする必要はありません。ベッドで横になって何とはなしに眺めておく程度で結構です。眺め終わったら別のことをせずに、そのまま電気を消して寝ちゃってください。この方法は試してみる価値あります。あなたにも合う方法かもしれません。

　問題は覚える個数ですが、これは個人差がありますので一概には言えません。私の経験では100個前後が適当な数ではないかと思われます。寝る前ですから、あまり沢山は不向きですし、20〜30個では少なすぎます。100個前後が適当な数だと思いますが、それでは少し多いなと感じたら50個くらいで試してみてください。

　コツは無理に覚えようとしないことです。もし翌朝になって覚えていたらラッキー、くらいの軽い気持ちで取り組んでみてください。

　意外な効果にビックリするかもしれませんよ。

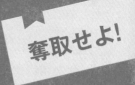
奪取せよ！

Round 4

601 — 800

601

若い作家志望者達

a-------- young writers

602

大英博物館の最大の目玉

the c-------- of the British Museum

603

熱狂的なファン

an e-------- admirer

604

物議を醸したノンフクション小説

a c-------- non-fiction novel

605

延々と続く干ばつ

a prolonged spell of d--------

606

大都市圏に住む

dwell in m-------- areas

607

信頼できる情報

a-------- information

608

要求の厳しい顧客

a d-------- customer

609

人目をひく超高層ビルを設計する

design a c-------- skyscraper

610

即興の演説をする

make an i-------- speech

aspiring [əspáiəriŋ] 形 ～志望の、意欲的な	😺 Part 7の求人広告などで見かける単語だが、Part 5の正解の選択肢でも出る 類 would-be
centerpiece [séntərpìːs] 名 最大の目玉、中心、最重要	💬 博物館や美術館、期間限定のイベントなどによく登場する
enthusiastic [ìnθùːziǽstik｜-θjù:-] 形 熱狂的な、熱心な	名 enthusiasm「熱意、情熱、熱狂」 関 enthusiast「熱狂者」
controversial [kὰntrəvə́ːrʃəl｜kɔ̀n-] 形 物議を醸している、議論の余地がある	💬「議論の余地がある」という意味の 類 disputable, debatable, arguable
drought [dráut] 名 干ばつ	😺 干ばつは時折、TOEIC界にも訪れる 類 dry weather
metropolitan [mètrəpálitən｜-pɔ́l-] 形 大都市の	名「大都市の住人」 関 metropolis「首都、大都市」
authoritative [əθɔ́ːrətèitiv｜ɔːθɔ́ritətiv] 形 信頼できる、権威ある	動 authorize「～に権威を与える」 名 authority「権力、権限」
demanding [dimǽndiŋ｜-máːnd-] 形 要求の厳しい、困難な	例 a demanding task「困難な仕事」 類 challenging
conspicuous [kənspíkjuəs] 形 人目をひく、際立つ	例 a particularly conspicuous example「特に際立った例」
impromptu [imprámptjuː, -tuː｜-prɔ́mptjuː] 形 即興の、準備なしの	💬 演説といえば、keynote speech「基調演説」も重要

611

全部で7人の候補者がいる。

There are seven candidates a-------.

612

伝統から離脱する

mark a d------- from tradition

613

潜在的な問題を調査する

i------- a potential problem

614

エネルギー消費量を減らす

reduce energy c-------

615

実り多い話し合いをする

have a f------- discussion

616

小児科医の診察を受ける

consult a p--------

617

社長は自分の成功は幸運のおかげだと言う。

The president a-------s his success to luck.

618

〜の自由裁量で

at the d-------- of 〜

619

勤勉な科学者

an i------- scientist

620

窮地に直面する

be confronted with a p--------

altogether	
[ɔ̀ːltəgéðər] 副 全部で、全く、完全に	例 in an altogether different way「全く違う方法で」

departure	
[dipáːrtʃər] 名 離脱、逸脱、辞任	◈「出発」以外の意味も覚えておきたい 動 depart「出発する、（本筋から）外れる」

investigate	
[invéstəgèit] 動 〜を調査する、研究する	名 investigation「調査、研究」 形 investigative「調査の、研究の」 関 investigator「調査員」

consumption	
[kənsʌ́mpʃən] 名 消費(量)、消耗、飲食	動 consume「〜を消費する」 関 consumer「消費者」

fruitful	
[frúːtfəl] 形 実り多い、有益な	反 unfruitful, fruitless「実を結ばない、無益な」

pediatrician	
[piːdiətríʃən] 名 小児科医	類 pediatrist 形 pediatric「小児科の」 a pediatric clinic「小児科医院」

ascribe	
[əskráib] 動 〜のおかげとする、せいにする	◈ ascribe A to B「AをBのおかげだとする」 類 attribute attribute A to B「AをBのおかげだとする」

discretion	
[diskréʃən] 名 自由裁量、思慮分別	例 show discretion「思慮分別を示す」 形 discretionary「自由裁量の、任意の」 副 discretionarily「自由裁量で」

industrious	
[indʌ́striəs] 形 勤勉な	類 diligent, hard-working 反 lazy「怠惰な、怠けた」

predicament	
[pridíkəmənt] 名 窮地、苦境	⚠ 超難単語だが、頂点を目指すなら覚えておきたい 類 plight, adversity

621

会社の士気を促進する

b------- company morale

622

経営の経験

m------- experience

623

人手不足の病院

an u------- hospital

624

暗黙の同意

i------- consent

625

円に対してドルが急落した。

The dollar p-------d against the yen.

626

復興を促す

s------- a renaissance

627

意思決定の普遍的な基準

a universal c------- for decision-making

628

はっきりと同意する

e------- agree

629

遅刻しないよう生徒に諭す

a------- each student not to be late

630

粘り強い交渉の後に

after t------- negotiations

boost [búːst] 動 〜を促進する、高める	例 boost efficiency「効率を高める」、boost price「値段をあげる」 名「増加、上昇、応援」 関 booster「支援者、後援者」
managerial [mænidʒíəriəl] 形 経営の、経営者の、管理者の	😊 TOEIC界では応募条件として、管理職としての経験が求められることも多々ある 関 manageable「管理できる」と区別すること
understaffed [ʌndərstǽft | ʌndəstáːft] 形 人手不足の	類 short-staffed 反 overstaffed「人員過剰の」
implicit [implísit] 形 暗黙の、黙示的な	反 explicit「明確な、明白な」 動 imply「〜をほのめかす」はTOEIC超頻出
plunge [plʌ́ndʒ] 動 急落する	名「下落、低下」 類 plummet
stimulate [stímjulèit] 動 〜を促す、刺激する	⚠simulate「〜をシミュレーションする」と混同しないこと
criterion [kraitíəriən] 名 基準	⚠複数形はcriteriaとcriterionsがあるが、criteriaを用いるのが一般的 類 standard
expressly [iksprésli] 副 はっきりと、明確に	同 clearly, explicitly 形 express「明確な、明白な」
admonish [ædmániʃ | ədmɔ́n-] 動 〜に諭す、忠告する	⚠admonish 人 of 〜「(人)に〜を忠告する」、admonish 人 against 〜「(人)に〜しないよう忠告する」
tenacious [tənéiʃəs] 形 粘り強い	⚠be tenacious of 〜「〜に固執する」も覚えておきたい 類 persistent

631

パッケージの魅力的なデザイン

a-------- designs for packaging

632

昇進に値する

d-------- a promotion

633

悪影響を最小限にする

m-------- adverse effects

634

その知らせに驚く

be a-------ed at the news

635

地質学的見地から

from a g-------- viewpoint

636

率直な態度

a s-------- attitude

637

本当に愛情のこもった手紙

a sincerely a-------- letter

638

きちんとした服装をしている

be n-------- dressed

639

患者を退院させる

d-------- a patient

640

大変な努力をする

make s-------- efforts

attractive [ətrǽktiv] 形 魅力的な、人を惹き付ける	😊 TOEIC界では製品が売れないと、パッケージのデザインのせいにされる。「この製品、なぜ売れないのでしょうか?」「パッケージが良くないからだよ」
deserve [dizə́ːrv] 動 ～に値する	例 deserve admiration「賞賛に値する」 類 be worthy of
minimize [mínimàiz, -nə-] 動 ～を最小限にする	反 maximize「～を最大限にする」 maximize energy efficiency「エネルギー効率を最大化する」
astound [əstáund] 動 ～を驚かせる	◉受動態で使われることが多い 形 astounding「驚かせるような」
geological [dʒìːəládʒikəl] 形 地質学の	名 geology「地質学」 関 geologist「地質学者」
straightforward [strèitfɔ́ːrwərd] 形 率直な	◉straight「真っ直ぐな」+ forward「前方へ」で連想しやすい
affectionate [əfékʃənət] 形 愛情のこもった	副 affectionately「愛情をこめて」 名 affection「愛情」
neatly [níːtli] 副 きちんと	形 neat「きちんとした」 日本語の「ニート」とは全く違うイメージの単語
discharge 動 [distʃáːrdʒ] 名 [dístʃɑːrdʒ, −́] 動 ～を退院させる	名 解放、退院 ◉退院する時に書く帳票をDischarge Card「退院カード」という
strenuous [strénjuəs] 形 大変な、骨が折れる、激しい	◉大変な努力の後に、目標スコアは手に入る 副 strenuously「熱心に、激しく」 反 easy, effortless

641

合格通知（採用通知）

an a------- letter

642

広大な山の風景

e------- mountain scenery

643

適切な予防措置を講じる

take adequate p-------s

644

新しい学部長を任命する

appoint a new d-------

645

多言語を使えるアシスタントを採用する

recruit a m------- assistant

646

就職志願者をふるいにかける

s------- job applicants

647

この手紙は無視してください。

Please d------- this letter.

648

徐々に減少する

p------- diminish

649

百科事典を編纂する

compile an e-------

650

ジューシーなステーキ

a s------- steak

acceptance [ækséptəns] 名 合格、採用、受諾、承諾、受容	動 accept「〜を受諾する、受領する」 形 acceptable「受け入れられる、許容できる」
expansive [ikspǽnsiv] 形 広大な、広範囲の	動 expand「〜を拡大する」、自動詞扱いで expand into 〜「〜に進出する」 関 expansible「広げられる、発展性のある」
precaution [prikɔ́:ʃən] 名 予防(措置)	形 precautionary「予防の」 for precautionary purposes「予防目的で」
dean [dí:n] 名 学部長	◈忘れた頃に出てくる単語だが、「役職名、人」だと認識できることが重要
multilingual [mʌltilíŋgwəl] 形 多言語を使える	名「多言語を使える人」 関 bilingual「二言語を使える (人)」
screen [skrí:n] 動 〜をふるいにかける、選抜する	名「選抜、映画のスクリーン」 動詞も名詞も多義語だが、TOEIC では「選抜 (する)」の意味が最重要 関 screening「選抜、選別、ふるい分け」
disregard [dìsrigá:rd] 動 〜を無視する	名「無視、度外視」 類 ignore
progressively [prəgrésivli] 副 徐々に、革新的に	形 progressive「進歩的な、革新的な」 類 increasingly
encyclopedia [insàikləpí:diə] 名 百科事典	◈ 筆者はこの単語を知らずに Part 7で悶絶したことがある 形 encyclopedic「百科事典のような、博学な、知識の豊富な」
succulent [sʌ́kjulənt] 形 ジューシーな、水分の多い	◈「多肉の」という意味もある a succulent cactus「多肉種のサボテン」

651	安全性の基準
	a b------- on safety

652	外交関係を危うくする
	jeopardize d------- relations

653	試用期間中に
	during the p------- period

654	超高層マンション
	a skyscraper c-------

655	人を惹き付ける実演
	an e------- demonstration

656	表面的には似ている
	be s------- similar

657	ローストポテトに玉ねぎを付け合わせる
	g------- roasted potato with onions

658	単調な繰り返し作業
	m------- and repetitive work

659	多少の欠点は大目に見る
	overlook a few d-------s

660	牧草地を通り抜ける
	walk through a m-------

benchmark	❌ベンチマークとして日本語でも定着している
[béntʃmàːrk]	動「基準を定める」
名 基準、尺度	類 standard, guideline, criterion

diplomatic	名 diplomacy「外交」
[dìpləmǽtik]	関 diplomat「外交官」
形 外交の、外交上の	

probationary	❌試用期間中に認められると正社員に登用され、待遇も格段にアップする
[proubéiʃənèri	prəbéiʃənəri]	名 probation「試用期間、仮採用」= trial period, test period
形 試用期間中の	

condominium	❌mansion は「大邸宅」であって、日本語の「マンション」ではない
[kàndəmíniəm	kɔ̀n-]	
名 (分譲)マンション	

engaging	動 engage「〜に従事させる」
[ingéidʒiŋ]	be engaged in〜「〜に従事する」
形 人を惹き付ける、魅力のある	副 engagingly「愛想良く」

superficially	❌Part 5の誤答の選択肢によく出る
[sùːpərfíʃəli]	例 apologize superficially「うわべだけの謝罪をする」
副 表面的に、一見、うわべでは	

garnish	❌Part 7で料理の説明に出てくる単語
[gáːrniʃ]	garnish A with B「AにBを付け合わせる」
動 〜に付け合わせる、添える、〜を飾る	名「装飾、付け合わせ」

monotonous	❌あまり良い意味では使われない
[mənátənəs	-nɔ́t-]	名 monotony「単調さ、変化のないこと」
形 単調な、変換のない、退屈な	

downside	❌down「下の」+ side「面」→「欠点」
[dáunsàid]	類 drawback, disadvantage, shortcoming
名 欠点、否定的な側面	反 upside「良い点」

meadow	❀ TOEIC界において牧草地は、のどかさの象徴である
[médou]	類 pasture と同様、Part 7によく出る
名 牧草地	

661
30周年を祝う

c------- the 30th anniversary

662
裁判所を頻繁に訪れる

f------- the courthouse

663
製薬会社

a p------- company

664
社員寮で生活する

live in a company d-------

665
予防措置

p------- measures

666
田舎暮らしをする

lead a r------- life

667
集団の決定

a c------- decision

668
Rabbit は回顧録を執筆した。

Rabbit wrote his m-------.

669
理路整然とした文章を書く

write a c------- sentence

670
可燃性廃棄物

f------- garbage

commemorate [kəmémərèit] 動 〜を祝う、記念する	😊 TOEIC界はお祝い事であふれている 形 commemorative「記念の」 a commemorative speech「記念講演」
frequent [frí:kwənt] 動 〜を頻繁に訪れる	形「頻繁な」だけじゃない、動詞もある 名 frequency「頻度」
pharmaceutical [fɑ̀ːrməsúːtikəl] 形 製薬の、薬学の	😊 何故か、TOEIC界は製薬会社が多い 名 pharmacy「薬学、薬局」 関 pharmacist「薬剤師」
dormitory [dɔ́ːrmətɔ̀ːri | -təri] 名 寮、寄宿舎	😊 TOEIC界ではインターンの学生は寮に住んでいることがある
preventive [privéntiv] 形 予防の、防止する	動 prevent「〜を防ぐ、予防する」 関 preventable「防げる、避けられる」 = avoidable
rustic [rʌ́stik] 形 田舎の	✕ 別荘の販売やリゾート地での短期滞在などの宣伝文句に使われる単語 類 rural
collective [kəléktiv] 形 集団の、共通の	例 a collective responsibility「集団の責任、連帯責任」 動 collect「〜を集める、集まる」
memoir [mémwɑːr] 名 回顧録	✕ 複数形の memoirs は autobiography と同様、自ら執筆する「伝記」
coherent [kouhíərənt] 形 理路整然とした、一貫した	例 devise a coherent plan「首尾一貫した計画を考案する」 名 coherency「統一性、首尾一貫性」
flammable [flǽməbl] 形 可燃性の、燃えやすい	✕ inflammable も同じ意味。「燃えない」ではない 類 combustible, burnable 反 nonflammable「不燃性の」

153

671

6名のメンバーで構成される

c------- six members

672

絶滅寸前の動物を救う

save an e------- animal

673

経験豊富な獣医

an experienced v-------

674

決定的な優位点

a d------- advantage

675

パーティーの食べ残しを処分する

dispose of l-------s from a party

676

廃水を浄化する

p------- wastewater

677

現職に打ち勝つ

d------- an incumbent

678

うっかり財布を置き忘れる

i------- misplace a wallet

679

言語に対する非凡な才能

an extraordinary f------- for language

680

操作しやすい船

a m------- vessel

comprise [kəmpráiz] 動 ～で構成される、～から成る	⊗他動詞で直後に目的語をとることに注意 類 constitute, consist of, be composed of
endangered [indéindʒərd] 形 絶滅寸前の	動 endanger「～を危険にさらす」 関 extinct「絶滅した」←既に絶滅している
veterinarian [vètərənéəriən] 名 獣医	😀 TOEIC界にはそれぞれの分野の専門医がたくさんいる
decisive [disáisiv] 形 決定的な、断固とした	副 decisively「決定的に、断固として」も頻出 反 indecisive「決定的でない、はっきりしない」
leftover [léftòuvər] 名 食べ残し	⊗leave over「残しておく」から派生している 類 leavings, remains
purify [pjúərəfài] 動 ～を浄化する	名 purification「浄化」 a purification system「浄化装置」
defeat [difí:t] 動 ～に打ち勝つ、～を駄目にする、退ける	例 defeat a proposal「提案を退ける」 ⊗名詞のdefeatは「勝利」と「敗北」の2つの意味があるが、大抵「敗北」の意味で使われる
inadvertently [ìnədvá:rtntli] 副 うっかり、不注意で	反 advertently「注意深く」は何故かTOEICに出ない。intentionally, deliberately「意図的に」
flair [fléər] 名 才能	類 aptitude, gift, talent いずれも後ろに続く相性の良い前置詞は「for」であることを覚えておくこと
maneuverable [mənú:vərəbl] 形 操作しやすい	⊗難単語だが、manus「手」を語源とする単語なので、「手で～できる」→「操作できる」と覚えよう 動 maneuver「～を操作する、動かす」

681	不測の事態
	c------- **circumstances**

682	直射日光に晒されていること
	e------- **to direct sunlight**

683	ポテトの代わりにライスを使う
	s------- **rice for potatoes**

684	ロンドンの郊外に住む
	live on the o------- **of London**

685	娯楽にふける
	indulge in a p-------

686	道路の拡張
	w------- **of a road**

687	肌寒い部屋
	a c------- **room**

688	商標を侵害する
	i------- **a trademark**

689	雑草の成長を抑制する
	i------- **growth of weeds**

690	経済の激変を乗り切る
	weather an economic u-------

contingent [kəntíndʒənt] 形 不測の、不慮の	图 contingency「不慮の出来事」 a contingency plan「危機管理計画」
exposure [ikspóuʒər] 名 晒されていること、露出	例 media exposure「マスコミ露出」など も頻出
substitute [sʌ́bstətjùːt | -tjùː t] 動 ～を代わりに使う	※substitute A for B「Bの代わりにAを 使う」 名「代わりの人 (物)、代表」 形「代わりの、代替の」
outskirts [áutskə̀ːrts] 名 郊外	※郊外は、田園地区ではなく、都市圏の中 にあって、中心都市ではない地域をいう 類 suburb
pastime [pǽstàim | pɑ́ːs-] 名 娯楽、気晴らし	※同じ「娯楽」でも pastime は可算名詞、 leisure は不可算名詞
widening [wáidəniŋ] 名 拡張、広げること	😊 同じ語源からくる名詞の width「幅」と 区別して覚えることが大事
chilly [tʃíli] 形 肌寒い	※「(人が) 冷淡な」という意味もある a chilly boss「冷淡な上司」 😊 TOEIC界に冷淡な上司はいない
infringe [infríndʒ] 動 ～を侵害する	※自動詞もあり、その場合、infringe on (upon) ～「～を侵害する」
inhibit [inhíbit] 動 ～を抑制する	※inhibit 人 from doing「(人) に～させな い」も重要
upheaval [ʌphíːvəl] 名 激変、大変動	※フレーズ内のweatherは「天気」ではな く、動詞で「～を乗り切る」 類 turbulence, turmoil, disruption, upset, disorder

157

691

あらゆる状況に適用できる

be a------- to all situations

692

人目を引く広告をデザインする

design an e------- advertisement

693

別段の記載がない限り

unless o------- specified

694

階段を登る

a------- a staircase

695

文化遺産の保護

preservation of cultural h-------

696

均一に色づけされた

be u------- colored

697

失敗を隠す

c------- failure

698

人口の多い地域

a p------- district

699

新しい時代の到来

the a------- of a new era

700

並外れた才能

an e------- talent

applicable [ǽplikəbl] 形 適用できる	◈前置詞「to」と相性が良い形容詞 名 application「適用、利用」 動 apply「〜を適用する、利用する」
eye-catching [áikætʃiŋ] 形 人目を引く	◈TOEICは「人目を引く」表現が好き 類 high-profile, high-visibility, prominent, conspicuous, striking, arresting
otherwise [ʌ́ðərwàiz] 副 そうでなければ	◈therefore「それ故に」 since「それ以来」と同様、文中に紛れ込むことが多い
ascend [əsénd] 動 〜を登る	類 climb, go up 反 descend「〜を下る、下りる」
heritage [héritidʒ] 名 遺産、伝統、財産、地位	関 inheritance「(個人が引き継ぐ) 遺産、遺伝」 関 inherit「〜を受け継ぐ、引き継ぐ」
uniformly [jú:nəfɔ̀:rmli] 副 均一に、一様に	◈バラつきがないということ 例 a uniformly high-quality product「均一に高品質の製品」
conceal [kənsí:l] 動 〜を隠す	☺ TOEIC界では失敗は隠さなくてもたぶん叱られない
populous [pápjuləs | pɔ́p-] 形 人口が多い、人口密度が高い	関 popular「人気がある」とは意味が異なる 副 populously「密集して、混雑して」
advent [ǽdvent] 名 到来、出現	例 the advent of the computer「コンピュータの出現」
extraordinary [ikstrɔ́:rdənèri | -dənəri] 形 素晴らしい、並外れた	副 extraordinarily「途轍もなく」 extraordinarily challenging task「途轍もなく難しい仕事」

701

装飾照明

d-------- illumination

702

新しい概念を理解する

g-------- a new concept

703

重要な成果を生み出す

yield s-------- results

704

批判の余地がない

be beyond c--------

705

マーケティング戦略を見直す

r-------- a marketing strategy

706

繁栄を象徴している

be s-------- of prosperity

707

ダメージを受けやすい

be s-------- to damage

708

倒産寸前で

on the v-------- of bankruptcy

709

熱烈な支持者

an a-------- advocate

710

熱心な支持者

an enthusiastic p--------

decorative [dékərətiv] 形 装飾の、装飾的な	動 decorate「〜を装飾する」 名 decoration「装飾、飾りつけ」
grasp [grǽsp | grá:sp] 動 〜を理解する	「しっかりと握る」が原義、そこから「把握する、理解する」という意味に
significant [signífikənt] 形 重要な、意義深い、かなりの	副 significantly「かなり、相当」 比較級を強調できる副詞 名 significance「意義、重要性」
criticism [krítəsizm] 名 批判、批評	形 critical「批評の、批判的な、重大な」 関 critic「批評家、評論家」
revamp [rì:vǽmp] 動 〜を見直す、改良する	登場頻度、急上昇中の単語 発音注意! リーヴァンプ!
symbolic [simbálik | -ból-] 形 象徴の、象徴的な	名 symbol「象徴、シンボル」 類 representative, emblematic
susceptible [səséptəbl] 形 (影響などを)受けやすい	何らかの悪影響を受けるイメージの言葉 類 vulnerable 反 resistant「耐性のある」
verge [vá:rdʒ] 名 寸前、淵	on the verge of〜(〜の寸前で)の前置詞 on も重要。同様の表現で、on the border of, close to がある
ardent [á:rdnt] 形 熱烈な、熱心な	副 ardently「熱心に、熱狂的に」 類 avid, passionate, zealous, keen, enthusiastic
proponent [prəpóunənt] 名 支持者、提唱者	「支持者」の類の単語は TOEIC 頻出であり、本書ではしつこく掲載する 類 supporter, advocate, champion, adherent

711

現行契約を修正する

a------- an existing contract

712

～の第一人者

the f------- authority on ～

713

同窓会パーティーを開催する

throw a r------- party

714

グラスゴー中央駅が始発駅である

o------- at Glasgow Central

715

回転扉

a r------- door

716

木材不足に直面する

face a t------- shortage

717

住民を避難させる

e------- inhabitants

718

機転が利くスタッフ

r------- staff

719

友好的な合意に達する

reach an a------- agreement

720

重要性を繰り返し述べる

r------- the significance

amend [əménd] 動 〜を修正する、改正する	名 amendment「改正、修正、改善策」 draft an amendment「改正案を起草する」 類 revise, modify, alter
foremost [fɔ́ːrmòust] 形 第一の、最初の、最高の	副「最初に、最高に」 the foremost important「最も重要な」 フレーズ内の authority は「権威(者)」
reunion [rìːjúːnjən] 名 同窓会	✖「同窓会」は alumni reunion ともいう 動 reunite「再会する」
originate [ərídʒənèit] 動 始発する、始まる、起源である	名 origin「発端、端緒、起源」 関 originality「創造力、独創性」
revolving [riválviŋ	-vɔ́l-] 形 回転する	✖Part 1 にも出てくる 動 revolve「回転する、ぐるぐる回る」
timber [tímbər] 名 木材、材木	✖Part 7 で、木材をカナダなどの海外から 調達する、といった内容が出される 類 lumber
evacuate [ivǽkjuèit] 動 〜を避難させる	名 evacuation「避難」 evacuation instructions「避難指示」
resourceful [risɔ́ːrsfəl, -zɔ́ːrs-] 形 機転が利く、才覚がある	✖resource に「機転、才覚、手腕」などの 意味がある
amicable [ǽmikəbl] 形 友好的な	😊「ami」は友達を表す。アミーゴも元は ami から
reiterate [riːítərèit] 動 〜を繰り返し述べる	✖reiterate that SV「SがVであると繰り 返し述べる」もあり。re をとって iterate で も同じ意味

163

721
エネルギー源を多様化する
d------- energy sources

722
不十分な認識を示す
show i------- awareness

723
素晴らしい眺め
a s------- view

724
それが真実だと断言する
a------- that it is true

725
対人能力を養う
cultivate i------- skills

726
輸入品への過度の依存
excessive r------- on imports

727
演台からマイクを取り外す
d------- the microphone from the podium

728
提案を支持する
champion a p-------

729
奇跡がなければ
b------- a miracle

730
人口がわずかな地域で
in s------- populated areas

diversify [divə́:rsəfài | dai-] 動 ～を多様化する、多角化する	名 diversity「ダイバーシティ、多様性」 ※日本でも10年位前から、ダイバーシティを企業理念に掲げる会社が増えた
insufficient [ìnsəfíʃənt] 形 不十分な	例 be insufficient in quality「質において不十分である」 反 sufficient「十分な」
stunning [stʌ́niŋ] 形 素晴らしい、驚くほど美しい	動 stun「驚かせる、衝撃を与える」 ※防犯グッズのスタンガンもこのstun
affirm [əfə́:rm] 動 ～を断言する、支持する	形 affirmable「断言できる」 名 affirmation「断言、確信、主張」
interpersonal [ìntərpə́:rsənəl] 形 対人の、対人関係の	💬 TOEICの求人では対人関係をうまくこなす能力が求められる
reliance [riláiəns] 名 依存、信用	形 reliant「依存している」 be reliant on imports「輸入品に依存している」 類 dependence
detach [ditǽtʃ] 動 ～を取り外す、切り離す	類 remove, disconnect 反 attach「接着する、添付する」
proposition [pràpəzíʃən | prɔ̀p-] 名 提案、意見、計画	動「～に計画を提案する」 ※「提案」の意味での類義語はproposal
barring [bá:riŋ] 前 ～がなければ	※前置詞であることに注意 例 barring any emergencies「緊急事態がなければ」
sparsely [spá:rsli] 副 わずかに、まばらに	形 sparse「まばらな、わずかな」 sparse attendance「わずかな出席」

731

〜の範囲内で

within the c-------s of 〜

732

11月15日付けで

e------- November 15

733

国際的に著名な芸術家

an internationally p------- artist

734

大規模なキャンペーン

a m------- campaign

735

事態の意外な展開

t------- of events

736

莫大な利益を生む

y------- immense benefits

737

無形文化財

i------- cultural properties

738

条件を明記する

s------- f------- the terms and conditions

739

資産価値の低下

d------- in asset value

740

当惑させる質問

an e------- question

confine 名 [kánfain | kón-] 動 [kənfáin] 名 範囲、制約、領域	動「〜を限定する」 confine A to B「AをBに限る」
effective [iféktiv, ə-] 形 〜日付で	❖具体的な日付以外にも、effective immediately「今すぐ」のように使う。勿論「効果的な」という意味もある
prominent [prámənənt | próm-] 形 著名な、優れた、目立つ	副 prominently「目立って」 be prominently displayed「目立つよう展示されている」
massive [mæsiv] 形 大規模な、大量の、巨大な	例 massive reductions in expenses「経費の大量削減」、massive architecture「巨大な建築物」
twist [twíst] 名 意外な展開	❖「ねじる、ひねる」が原義だが、TOEICでは小説の描写に「意外な展開」として登場する
yield [jíːld] 動 〜を生む、産出する	名「収穫高」= harvestという意味もある 類 produce, generate
intangible [intǽndʒəbl] 形 無形の、触れることができない	❖否定を表す「in」にtangible「触れることができる」が結合したもの
set forth [sét fóːrθ] 動 〜を明記する、説明する	例 set forth a bold plan「大胆な計画を説明する」
depreciation [diprìːʃiéiʃən] 名 低下、下落	反 appreciation「価値の上昇、鑑賞、審美眼、理解、見解」
embarrassing [imbǽrəsiŋ] 形 当惑させる、厄介な	動 embarrass「〜を当惑させる」 関 embarrassed「(人が) 恥ずかしい」

741

直属の部下

an i------- subordinate

742

貴方のご愛顧に感謝いたします。

We appreciate your p--------.

743

パーティーを開催する

t------- a party

744

人間工学の分野で著名になる

gain e------- in ergonomics

745

締切りを延ばす

p------- a deadline

746

公平な意見

an u------- opinion

747

イライラさせないで。

Don't i------- me.

748

共感して話を聞く

listen s--------

749

もっともな苦情

a l------- complaint

750

エピソードについて詳しく話す

r------- an episode

immediate [imíːdiət] 形 直属の、即座の、直接の	副 immediately「直ぐに、直接に」 immediately after〜「〜の直後に」
patronage [péitrənidʒ] 名 愛顧、支援	動 patronize「〜をひいきにする」 関 patron「後援者」
throw [θróu] 動 〜を開催する、催す	❉throwは「投げる」だけじゃない 類 hold 主催する場合はhost
eminence [émənəns] 名 著名、高位、卓越	形 eminent「著名な、優れた」 an eminent arborist「著名な樹木医」
prolong [prəlɔ́ːŋ, -láŋ	-lɔ́ŋ] 動 〜を延ばす、延長する	❉「長引かせる」の意味もある prolong the meeting「会議を長引かせる」
unbiased [ʌnbáiəst] 形 公平な	😎 un「‐がない」+ biased「偏見がある」 =「偏見のない」→「公平な」ということ
irritate [írətèit] 動 〜をイライラさせる	❉irrigate「(土地に)水を引く」と混同しないこと 名 irritation「いら立ち、焦燥」
sympathetically [sìmpəθétikəli] 副 共感して、同情して	類 compassionately 形 sympathetic「同情する、共感する」
legitimate 形 [lidʒítəmət] 動 [lidʒítəmèit] 形 もっともな、合法の	類 justifiable (もっともな) 類 legal, lawfal (合法の) 動 「〜を合法化する、正当化する」
recount 動 [rikáunt] 名 [ríːkaunt] 動 〜について詳しく話す	❉recount that SV「SがVであると詳しく話す」の形も押さえる 名 「数え直し」

751
外見上は同じである
be a-------- identical

752
〜の初めに
at the i------- of 〜

753
めったに遅刻しない
s-------- arrive late

754
抗生物質を処方する
prescribe a-------s

755
関連する情報
p-------- information

756
ワンルームマンションを借りる
rent a s--------

757
資産を清算する
l-------- assets

758
小さくてのどかな村に滞在する
stay in a small t------- village

759
無関心な態度をとる
adopt an attitude of i--------

760
新しい考えに対して受容力がある
be r-------- to new ideas

apparently [əpǽrəntli, əpéər-] 副 外見上、一見	⊗ 中味 (内容) はともかく、外見上は、ということ 形 apparent「明白な、外見上の」
inception [insépʃən] 名 初め、開始、発端、創立	例 since its inception「創立以来」はTOEIC頻出表現
seldom [séldəm] 副 めったに〜ない、ほとんど〜ない	⊗ 文頭に Seldom がくる倒置文もよく出る 類 rarely, hardly
antibiotic [æ̀ntibaiátik, -tai- | -ɔ́t-] 名 抗生物質、抗生剤	形「抗生物質の、抗生物質による」 antibiotic therapy「抗生物質による治療」
pertinent [pə́:rtənənt] 形 関連する、適切な	例 pertinent to 〜「〜に関連する」 類 relevant (関連する) 例 pertinent advice「適切なアドバイス」 類 appropriate (適切な)
studio [stjú:diòu | stjú:-] 名 ワンルームマンション	類 studio apartment, flat ⊗ TOEICでは何故かスタジオの意味ではほとんど出ない
liquidate [líkwidèit] 動 〜を清算する	類 settle, redeem, pay off 名 liquidation「清算」
tranquil [trǽŋkwil] 形 のどかな	⊕ Part 7の田園地方のツアーに度々登場する。のどかで静かな様子を表す形容詞
indifference [indífərəns] 名 無関心、無差別	⊗ 後ろに置かれる相性の良い前置詞は、to, toward, about, as to など
receptive [riséptiv] 形 受容力のある、理解のある	例 show a receptive attitude「理解ある態度を示す」 ⊗ repetitive「繰り返しの」と混同しないこと

761

親切なおもてなしに心から感謝します。

Your h-------- is sincerely appreciated.

762

巨大な製紙工場を建てる

build a huge paper m--------

763

多額な寄付を受け取る

receive a s-------- donation

764

貴方の熱意は大いに称賛に値する。

Your enthusiasm is highly c--------.

765

大喜びで叫ぶ

e-------- with delight

766

絶大な信頼を寄せて

with s-------- confidence

767

活発なビジネス

a b-------- business

768

ライセンスを放棄する

r------- a license

769

物凄い威厳を込めて話す

speak with tremendous d--------

770

アジア市場に侵入する

p-------- the Asian market

hospitality [hàspətǽləti | hɔ̀s-] 名 親切なもてなし、歓待、接客	例 the hospitality industry「サービス業、接客業」 形 hospitable「温かくもてなす、親切な」
mill [míl] 名 工場	◈ TOEICでは工場を表す単語が幾つか出てくる。mill は紙、鉄鋼、織物などを作る工場のこと 類 factory, plant
sizable [sáizəbl] 形 多額な、相当大きい	◈ Part 5で何度も正解になっている重要語 類 considerable, substantial, significant, fairly large
commendable [kəméndəbl] 形 称賛すべき	◈ It is commendable to do「〜することは称賛に値する」の形もとる 動 commend「〜を称賛する」
exclaim [ikskléim] 動 叫ぶ、感嘆する	名 exclamation「感嘆の声」 「!」は exclamation mark「感嘆符」
supreme [supríːm, sə- | sju-, sjuː-] 形 絶大な、最高の、最上位の	◈「最高の」という意味なので、最上級扱いの「the」を伴うことも多い 例 the supreme advisor「最高顧問」
brisk [brísk] 形 活発な	類 vigorous 反 sluggish, stagnant, depressed「停滞した」
relinquish [rilíŋkwiʃ] 動 〜を放棄する、諦める	類 renounce（〜を放棄する） 類 abandon（〜を諦める）
dignity [dígnəti] 名 威厳、品格	動 dignify「〜に威厳をつける」 関 dignitary は人で「高官」
penetrate [pénətrèit] 動 〜に侵入する、を見抜く	◈ 難単語だが、時折、Part 5に出てくる 例 penetrate a mystery「謎を見抜く」

771

辞職せざるを得ない

be c-------ed to resign

772

経験の浅い大工

an i------- carpenter

773

重機を持ち上げること

l------- of heavy machinery

774

～の寸法直しをする

make a-------s to ～

775

避難指示に従う

o------- evacuation instructions

776

他人に対して思いやりがある

be t------- of other people

777

同窓会を開催する

hold an a------- reunion

778

構造的に健全である

be structurally s-------

779

鋭い所見を述べる

make an a------- observation

780

暫定的な契約を無効にする

n------- a tentative agreement

compel [kəmpél] 動 強制的に〜させる	❌compel 人 to do「強制的に (人) に〜させる」フレーズはその受動態。 類 force 空所は過去分詞のためcompelledとなる
inexperienced [inikspíəriənst] 形 経験不足の、未熟な	❌TOEIC界において実務経験は重視される 名 inexperience「経験不足、未熟、不慣れ」
lifting [líftiŋ] 名 持ち上げること	❌動名詞が一般名詞化した事例のひとつ 動 lift「持ち上げる」 英国では lift = elevatorの意味も
alteration [ɔ̀:ltəréiʃən] 名 寸法直し	🎽 スラックスの裾上げなど、Part 7に出る。 裾上げは無料だったり、有料だったりする
obey [oubéi | əb-] 動 〜に従う	❌「従う」系の動詞は数多いので、まとめて覚えてしまおう 類 follow, observe, comply with, abide by, adhere to, conform to
thoughtful [θɔ́:tfəl] 形 思いやりのある、思慮深い	名 thoughtfulnessで「心遣い、思慮深さ」 反 thoughtless「思いやりのない」
alumni [əlʌ́mnai] 名 同窓生、卒業生	❌reunionだけでも同窓会の意味がある alumniは複数形で、単数形は alumnus
sound [sáund] 形 健全な、理にかなった	動「〜のようだ」 後ろに形容詞または like+名詞を伴う
acute [əkjú:t] 形 鋭い、重大な	❌「鋭い痛み」は acute painという 例 an acute problem「重大な問題」
nullify [nʌ́ləfài] 動 〜を無効にする、取り消す	形 null「無効な、無意味な」 類 void, invalidate

781

前菜からデザートまで

from a-------s to desserts

782

美味しい食事

delicious f-------

783

支払いは2か月期限を過ぎている。

The payment is two months o-------.

784

先例を引用する

quote a p-------

785

敬礼する

send a s-------

786

パスポートを有効にする

v------- a passport

787

経済成長を妨げる

h------- economic growth

788

高級ホテル

an u------- hotel

789

親密な雰囲気

an i------- atmosphere

790

人里離れた村

a s------- village

appetizer [ǽpətàizər] 名 前菜	◈「食前酒」を意味することもある 関 appetizing「食欲をそそる」
fare [féər] 名 食事	◈ Part 7の同義語問題で出題事例がある。 勿論「料金、運賃」の意味もある 類 food
overdue [òuvərdjú:|-djú:] 形 期限を過ぎた	☺ TOEIC界では支払いが多少滞ったくら いでは決して叱られない
precedent [présədənt] 名 先例、前例	例 judging by the precedent「前例から 判断すると」
salute [səlú:t] 名 敬礼、挨拶	動「〜に敬礼する、挨拶する」 Part 1で出題事例がある
validate [vǽlədèit] 動 〜を有効にする、実証する	形 valid「有効な」⇔ invalid「無効な」 反 invalidate, nullify, void
hamper [hǽmpər] 動 〜を妨げる	例 hamper A from doing「Aが〜すること を妨げる」 ◈「妨げる、防止する」系の動詞は前置詞 from と相性が良い
upscale [ʌ́pskéil] 形 高級な	◈ up「上の」+ scale「階級」=「高級な」 類 luxurious, luxury
intimate 形 [íntəmət] 動 [íntəmèit] 形 親密な、詳しい、くつろげる	例 intimate settings「くつろげる環境」 動「〜をほのめかす、それとなく知らせる」
secluded [siklú:did] 形 人里離れた、辺鄙な	動 seclude「〜を隔離する」 seclude A from B「AをBから隔離する」

791

無料のオンライン講座を提供する

offer free online c-------s

792

実行可能な計画を考える

f------- out a viable plan

793

部屋を換気する

v-------- a room

794

従業員を解雇する

d-------- an employee

795

分かりやすい目印

a r------- landmark

796

微妙な違い

s-------- difference

797

古文書の断片

f-------s of an ancient writing

798

なめらかな質感

smooth t-------

799

不合理な差別

i------- discrimination

800

多才な学生

a w------- student

course [kɔ́ːrs] 名 講座、授業	⊗ 多義語だが、TOEIC では「講座、授業」の意味が重要 類 class, lecture
figure [fígjər | fígə] 動 考える、理解する	⊗ 名詞は多義語だが、少なくとも以下の意味は押さえておきたい 名「形状、外観、人物、数字、数量」
ventilate [véntəlèit] 動 (部屋など)を換気する	例 a well ventilated area「換気の良い場所」 名 ventilation「換気」
dismiss [dismís] 動 ～を解雇する、解散する、捨てる	⊗「～を放棄する」の意味もある = waive 名 dismissal「解雇、解任、取り下げ、却下」
recognizable [rékəgnàizəbl] 形 分かりやすい、認識できる	動 recognize「～を認める、認識する」 recognize A as B「AをBと認める」
subtle [sʌ́tl] 形 微妙な、微かな	⊗ リスニングでは発音注意！ b は発音しない。サブトルではない
fragment [frǽgmənt] 名 断片、かけら、一片	⊗ a fragment of～「わずかな～」 a fragment of hope「わずかな希望」
texture [tékstʃər] 名 質感、手触り	⊛ Part 7に登場する。カーペットや毛布などの質感、肌触りのこと
irrational [irǽʃənl] 形 不合理な、理不尽な	類 unreasonable, illogical 反 rational「合理的な、道理にかなった」
well-rounded [wélráundid] 形 多才な、博識な、幅広い	⊗ 人だけではなく、モノにもつく 例 a well-rounded education「幅広い教育」

単語が先か英文読解が先か

　鶏が先か、卵が先か、という話ではありません。英単語の覚え方の話です。英単語の覚え方、語彙の増やし方には、ざっくり分けて2つのパターンがあります。大抵の学習者が、この2つのパターンの一方か、あるいは両方を併用しています。

　一つ目は、単語集をゴリゴリひたすら繰り返して知らない単語をつぶしていくタイプ。1つの単語集の場合もあれば、2つ、3つ、いや、もしかしたらそれ以上の複数の単語集を併用している場合もあります。強引なまでに単語集で語彙を増やしていくのがこのタイプです。

　二つ目は、多くの英文に触れながら、その中で実際に出会った知らない単語を、都度、日本語訳や語注、辞書などを参照しながら覚えていくタイプです。その単語が英文でどのように使われていたか、使われ方を知るメリットがあります。

　私は両方を併用していくタイプです。例えば、1ヶ月くらい英文を読みまくり、知らない単語を紙に書いて覚えていきます。その後で、単語集を使って覚えている単語が増えているか、チェックします。特に覚えようとはしません。チェックだけです。

　そして、ある日、その単語集の見出し語で、知らない単語が20%を切ったなら、今度は単語集を使って一気に覚えにいく、という両刀使いスタイルをとっていました。20%を切ったら単語集で覚えにいくというアプローチには理由があります。

　その20%は、今後、相当な分量の英文を読み続けない限り、偶然出会う確率は低いと考えられるからです。つまり、効率が悪いからです。だから、単語集を使って一気に攻め落とすわけです。20%くらいなら何とかなります。

　ただし、この単語集の難易度は相当高いので、知らない単語が半分くらいになったら、一気に覚えにいってもよいかもしれません。

超えてゆけ！

Round 5

801 — 1000

🔊9 — 🔊10

801	例外を認める a------- an exception
802	植物園 a b------- garden
803	環境を汚染する contaminate the e-------
804	次の指示を待つ a------- further instructions
805	新しいキャンペーンを開始する i------- a new campaign
806	ほんの数分で in m------- minutes
807	年代順に in c------- order
808	開業医 a medical p-------
809	急速に減少する d------- rapidly
810	園芸を一から学ぶ learn h------- from scratch

authorize [ɔ́ːθəràiz] 動 ～を認める、権限を与える	◈authorize 人 to do「(人) に～する権限を与える」
botanical [bətǽnikəl] 形 植物の	◈TOEIC界は、植物に関するトピックが多い 関 botany「植物学」 botanist「植物学者」
environment [inváiərənmənt] 名 環境、情勢	形 environmental「環境の、環境に関する」 副 environmentally「環境的に」 類 circumstances, surroundings
await [əwéit] 動 ～を待つ	◈waitと異なり、他動詞用法しかない点を押さえる
inaugurate [inɔ́ːgjurèit] 動 ～を開始する、就任させる	例 be formally inaugurated as CFO「正式にCFOに就任する」
mere [míər] 形 ほんの、単なる、全くの	副 merely「ただ単に、～に過ぎない、全く」 merely because～「～という理由だけで」
chronological [krànəládʒikəl ǀ krɔ̀nəlɔ́dʒ-] 形 年代順の	副 chronologically「年代順に」 be listed chronologically「年代順に記載されている」
practitioner [præktíʃənər] 名 開業者	例 legal practitioner「弁護士」 関 practice「医師か弁護士などの仕事や営業場所」
dwindle [dwíndl] 動 縮小する、減少する	◈「縮小する、減少する」系の動詞は、同義語問題でも狙われやすいので、まとめて覚えておこう 類 diminish, shrink, decrease, decline
horticulture [hɔ́ːrtəkʌ̀ltʃər] 名 園芸、園芸学	類 gardening 関 horticulturalist (または horticulturist)「園芸家」 from scratchは「最初から、一から」という意味

811

代わりの候補者を探す

search for an a------- candidate

812

無料のシャトルバスサービス

c------- shuttle bus service

813

並外れた指導力を発揮する

demonstrate e------- leadership

814

知識を拡大する

a------- knowledge

815

生き生きとした描写

a lively d-------

816

有益な講義

an i------- lecture

817

著しい悪化を引き起こす

cause significant d-------

818

全ての入手可能な資源を活用する

e------- all available resources

819

飛行機から降りる

d------- from the plane

820

重大な影響を与える

exert a m------- influence

alternative [ɔːltáːrnətiv, æl-｜ɔːl-] 形 代わりの、代替の	名「代わりのもの（人、モノ）」も重要 副 alternatively「その代わりに」
complimentary [kàmpləméntəri｜kòm-] 形 無料の	関 complementary「補足の、補足する」と間違えないこと。両者の発音は同じ!
exceptional [iksépʃənl] 形 並外れた、例外的な	名 exception「例外、特例、除外」 a remarkable exception「顕著な例外」
amplify [æmpləfài] 動 〜を拡大する、増強する	✕音楽のアンプは音を増幅させるもの。「〜を詳しく説明する」という意味もある 例 amplify an abstract theory「抽象的な理論を詳しく説明する」
depiction [dipíkʃən] 名 描写	類 description 動 depict「〜を描写する」もTOEIC頻出
instructive [instrÁktiv] 形 有益な、教育的な	✕It is instructive to do「〜するのは有益なことだ」の用法もある 名 instruction「教育、指示、知識」
deterioration [ditìəriəréiʃən] 名 悪化	動 deteriorate「悪化する」 例 deteriorate swiftly「急速に悪化する」
exploit 動 [iksplɔ́it] 名 [éksploit] 動 〜を活用する、利用する	✕「〜を搾取する」「（人）を悪用する」などの意味もあるがTOEICには出ない 名「偉業、手柄」
disembark [dìsembáːrk｜-im-] 動 降りる	✕他動詞もある 例 disembark all passengers「全ての乗客を降ろす」
measurable [méʒərəbl] 形 重大な、予測できる	例 measurable results「予測できる結果（ある程度、前もって分かっていた結果）」

821

見習いの配管工

an a-------- plumber

822

社内報を配布する

d-------- a newsletter

823

財産を失う

f-------- the property

824

2つの理論は全く同じというわけではない。

The two theories aren't exactly e--------.

825

微かな変化に気づく

p-------- a subtle change

826

強固な事業計画を考案する

devise a r-------- business plan

827

初期の調査結果と矛盾する

c-------- early findings

828

ほとんど不可能である

be p-------- impossible

829

理論上あり得る可能性

theoretically c-------- possibility

830

間違いを是正する

r-------- a mistake

apprentice [əpréntis] 名 見習い	✍ novice 「初心者」 も一緒に覚えておきたい 関 apprenticeship 「見習い期間」
distribute [distríbjuːt] 動 ～を配布する、分配する	名 distribution 「配布、分配、流通、販売」 関 distributor 「販売業者、卸業者」
forfeit [fɔ́ːrfit] 動 ～を失う、喪失する	🔊 発音に注意! フォーフェイトではなく、フォーフィット!
equivalent [ikwívələnt] 形 同じ、同等の	✍ be equivalent to～ 「～と同じである」 類 equal, identical
perceive [pərsíːv] 動 ～に気づく、～を理解する	例 perceive current circumstances 「現状を理解する」
robust [roubʌ́st, rə-] 形 強固な、頑丈な	✍ 物質的に頑丈、という意味もある 例 a robust container 「頑丈な容器」
contradict [kὰntrədíkt	kὸn-] 動 ～と矛盾する	形 contradictory 「矛盾する」 contradictory accounts 「矛盾する説明」
practically [prǽktikəli] 副 ほとんど、～も同然	✍ 「実質的に、実際上」 という意味もある。 「ほとんど」 という意味での類義語は、almost, nearly
conceivable [kənsíːvəbl] 形 あり得る、想像できる	✍ It is conceivable that SV 「SがVであることは考えられる」 の形もある
redress 動 [ridrés] 名 [ríːdres	ridrés] 動 ～を是正する	名 「改善、矯正、救済」 類 rectify, remedy, correct

831

輸入品を取り揃えたもの

an a-------- of imported goods

832

二社を一社に統合する

c-------- two companies into one

833

強制参加の会議

a m-------- meeting

834

人口が密集している市

a d-------- populated city

835

非常に貴重な経験

i-------- experience

836

世界で最も高い超高層ビル

the world's highest s--------

837

人々に外出を思いとどまらせる

d-------- people from going outside

838

画期的な出来事を祝う

celebrate a m--------

839

完全に当惑している

be totally b--------ed

840

大聖堂の正面

the f-------- of the cathedral

assortment	**動** assort「〜を分類する、仕分けする」
[əsɔ́:rtmənt]	**形** assorted「様々な種類の、詰め合わせた」
名 取り揃えたもの、詰め合わせ	

consolidate	**例** consolidate a leadership「リーダーシップを強化する」
[kənsɑ́lədèit | -sɔ́l-]	
動 〜を統合する、強化する	

mandatory	✖ It is mandatory that SV (原形)「SがVすることを義務付けている」の形もとる
[mǽndətɔ̀:ri | -təri]	**類** compulsory, obligatory, required
形 強制の、義務の、必須の	

densely	✖ フレーズは「a dense city」でも同じ意味になる
[dénsli]	**形** dense「密集した」
副 密集して	

invaluable	✖ valuable「貴重な」に強調の接頭語「in」がついているので、「非常に貴重な」となる。「価値がない」ではないので注意!
[invǽljuəbl]	
形 非常に貴重な	

skyscraper	😊「スカイスクレイパー」というアメリカのアクション映画がある
[skáiskrèipər]	
名 超高層ビル、摩天楼	

discourage	✖ 直後に動名詞をとる discourage doing「〜することを防止する」の形も重要
[diskə́:ridʒ | -kʌ́r-]	
動 〜に思いとどまらせる	

milestone	✖ Part 7のarticleによく出てくる
[máilstòun]	「節目」という意味での類義語は moment
名 画期的な出来事、節目	

bewilder	✖ 受動態で使われることが圧倒的に多い
[biwíldər]	**形** bewildering「当惑させる」
動 〜を当惑させる	

facade	✖「見かけ、うわべ」という意味もある
[fəsɑ́:d]	**例** a facade of indifference「無関心なふり」
名 (建物の)正面	

841

指定された駐車場で

in a d-------d parking area

842

100%のご満足を保証します。

We g------- you 100% satisfaction.

843

退任する社長

the o------- president

844

有能な部下

a c------- subordinate

845

その慣習は特定の地域に普及している。

The custom p-------s in specific areas.

846

怒りやすい

be p------- to get angry

847

樹木医として働く

work as an a-------

848

雑費

m------- expenses

849

不変の事実を証明する

demonstrate the i------- truth

850

岩の多い地形

rocky t-------

designate [dézignèit] 動 〜を指定する、指名する	例 designate a chairperson「議長に指名する」 designate 人 to do「(人) に〜するよう指示する」の形もある
guarantee [gæ̀rəntíː] 動 〜を保証する	◈SVOOの第4文型の形が重要 名「保証、保証契約」
outgoing [áutgòuiŋ] 形 退任する、社交的な	◈「退任する」「社交的な」どちらの意味で使われているかは文脈で判断する 例 a vigorous and outgoing youth「元気で社交的な若者」
competent [kámpətənt | kɔ́m-] 形 有能な、満足のいく	◈モノにもつく 例 competent evidence「有力な証拠」 名 competence「能力」
prevail [privéil] 動 普及する、勝る	形 prevailing「普及している」 a prevailing idea「普及している考え」
prone [próun] 形 〜しやすい、〜しがちである	◈直後に名詞をとり、be prone to anger とすることもできる 類 apt, inclined
arborist [á:rbərist] 名 樹木医、樹木専門家	◈医者好きのTOEIC界には、樹木専門の医師だっている arbor はラテン語由来の言葉で「木」
miscellaneous [misəléiniəs] 形 種々雑多な	例 miscellaneous food products「多種多様な食品」 略称で「MISC」と表されることもある
invariable [invéəriəbl] 形 不変の、変わらない	反 variable「変わりやすい、可変の」 副 invariably「必ず、常に」
terrain [təréin] 名 地形、地帯	◈ Part 7でトレッキングやハイキングなどの注意事項として地形の説明がある

851

責任を負わない

a-------- no responsibility

852

困難に出会う

e------- difficulties

853

絵のように美しい村

a p------- village

854

洗練された装飾

e------- ornamentation

855

疑わしい証拠

q------- evidence

856

アレルギー症状を悪化させる

aggravate allergic s-------s

857

構造改革を妨げる

h------- structural reform

858

走行距離計を点検する

inspect an o-------

859

人間工学的観点から

from an e------- viewpoint

860

永遠に価値のある

be of p------- value

assume [əsúːm | əsjúː] 動 〜を負う、引き受ける、想定する	❌ Part 7でtake onの同義語として出題されたことがある 名 assumption「仮定、想定」 副 assumably「たぶん、おそらく」
encounter [inkáuntər] 動 〜に出会う、遭遇する	❌ 必然的にではなく、偶然に、思いがけなく、何かに遭遇するイメージ
picturesque [pìktʃərésk] 形 絵のように美しい、生き生きとした	例 picturesque descriptions「生き生きとした描写」
exquisite [ikskwízit, ékskwizit] 形 洗練された、素晴らしい	副 exquisitely「見事に、素晴らしく」 exquisitely choreographed dance「見事な振り付けのダンス」
questionable [kwéstʃənəbl] 形 疑わしい	類 doubtful, uncertain 反 unquestionable「疑う余地のない」
symptom [símptəm] 名 症状、兆候、兆し	❌ 病気の症状以外にも、重要な問題が起こる兆しとして使われる
hinder 動 [híndər] 形 [háindər] 動 〜を妨げる	❌ hinder A from doing「Aが〜することを妨げる」 形「後ろの、後方の」は発音が異なる
odometer [oudámətər | -dɔ́m-] 名 走行距離計	❌「-meter」は何かを測定するものを指す 類 mileometer 関 speedometer「速度計」
ergonomics [ə̀ːrgənámiks | -nɔ́m-] 名 人間工学	🐢 TOEIC界は人間工学の領域まで考慮されている素晴らしい世界だ
perpetual [pərpétʃuəl] 形 永遠の	❌ 超難単語だが、Part 5の選択肢に出る 類 permanent, eternal, endless

| 861 | 天然資源を保護する |
| | c------- natural resources |

| 862 | 楽々と機械を組み立てる |
| | e------- assemble a machine |

| 863 | 提案を渋々受け入れる |
| | be r------- to accept a proposal |

| 864 | 2つの大陸に跨って |
| | across two c-------s |

| 865 | 圧倒的な人気 |
| | o------- popularity |

| 866 | ~のための資金を取っておく |
| | s------- a------- funds for ~ |

| 867 | 豊富な資源 |
| | b------- resources |

| 868 | 蛍光ジャケットを着用する |
| | wear a f------- jacket |

| 869 | 横柄な言葉遣い |
| | an a------- language |

| 870 | 原因を調べる |
| | p------- the cause |

conserve [kənsə́:rv] **動** 〜を保護する、保存する	**類** preserve 「-serve」が同じだから覚えやすい **名** conservation「保護、保存」
effortlessly [éfərtlisli] **副** 楽々と、簡単に	✹easily、readilyで言い換え可能 **形** effortless「楽な、努力を要しない」
reluctant [rilʌ́ktənt] **形** 渋々の、気が進まない	✹後ろに不定詞をとることが多い **類** unwilling **反** willing, eager「〜したがる」
continent [kántənənt | kɔ́nti-] **名** 大陸	🐸 Part 7のarticleでたまに見かける単語 ✹the Continentは英国から見たヨーロッパ本土のこと
overwhelming [òuvərhwélmiŋ] **形** 圧倒的な	✹whelmにも「圧倒する」という意味があり、さらに強意語のoverがついた単語 **副** overwhelmingly「圧倒的に」も頻出
set aside [sét əsáid] **動** 〜を取っておく、蓄えておく	✹将来を見据えて、使わずにとっておく、ということ **類** put aside, save
bountiful [báuntifəl] **形** 豊富な、ボリュームのある	**例** a bountiful breakfast「ボリュームのある朝食」
fluorescent [fluərésnt] **形** 蛍光の、蛍光性の	**例** a fluorescent lamp「蛍光灯」 ✹「色鮮やかな、輝くばかりの」という意味もある。fluorescent pink「色鮮やかなピンク色の」
arrogant [ǽrəgənt] **形** 横柄な、傲慢な	✹TOEIC界に横柄な人はいないが、Part 5でたまに見かける単語 **名** arrogance「傲慢、横柄」
probe [próub] **動** 〜を調べる、精査する	✹自動詞もある **例** probe into the cause「原因を調べる」 **名**「調査、精査」

871

どんな状況でも～しない

under no c-------s

872

ますます人気が出てくる

become i------- popular

873

舞踏団を招く

invite a dance t-------

874

外部の人材を活用する

use e------- human resources

875

複雑な筋書きの小説

a novel with a complicated p-------

876

中小企業に助成金を出す

s------- small and medium enterprises

877

居心地の良いレストラン

a c------- restaurant

878

成功の可能性

l------- of success

879

輸出品に税を課す

l------- taxes on exports

880

～に対して従順である

be s------- to ～

circumstance [sə́ːrkəmstæns | -stəns] 名 状況、環境、事情	⊗複数形で使われることが多い 類 condition, situation
increasingly [inkríːsiŋli] 副 ますます、次第に	名 動 increase「増加、高まり、向上」「増加する、高まる、向上する」
troupe [trúːp] 名 一団、一座、一行	😺 TOEIC界では、a troupe of dancers「舞踊団」が何処にでも現れる
external [ikstə́ːrnl] 形 外部の、外の	⊗TOEIC界の企業は、空いているポストに対し、先ず内部から希望者を募り、その後、外部に募集をかける 反 internal「内の、内部の」
plot [plát | plɔ́t] 名 筋書き、筋	😺「陰謀、策略」という意味もあるが、TOEICには出ない
subsidize [sʌ́bsədàiz] 動 〜に助成金を出す、支援する	⊗助成金を出すのは、政府や国の機関 名 subsidy「助成金」= grant
cozy [kóuzi] 形 居心地の良い	⊗Part 7のレストランや宿泊施設の紹介記事などに出る 類 comfortable
likelihood [láiklihùd] 名 可能性、見込み	⊗likeness「似ていること、類似」と区別、likewise は「同様に」という意味の副詞
levy [lévi] 動 〜を課す	名「賦課」 impose a levy on imports「輸入品に課税する」
submissive [səbmísiv] 形 従順な	😺 何故かPart 5の誤答選択肢にしか登場しない単語だが、覚えておいて損はない

197

881

情報の正確さを保証する

a------- the accuracy of information

882

広範囲の市場調査を実施する

conduct e------- market research

883

業績を回復させようと奮闘する

s------- to turn around

884

隣接した地域

an a------- region

885

多くの有意義な経験

lots of m------- experience

886

画像の解像度

r------- of the images

887

成功に貢献する

be c------- to success

888

揺るぎない関係を衰退させる

u------- a solid relationship

889

ありふれた出来事

m------- events

890

過去の思い出を回想する

r------- the memories of the past

assure [əʃúər] 動 ～を保証する、断言する	✕assure 人 that SV「(人)にthat以下のことを保証する」という形が重要。直後にthat節をとることはできない
extensive [iksténsiv] 形 広範囲の、徹底的な	✕類義語多数、いずれも重要単語 類 comprehensive, sweeping, exhaustive, thorough
struggle [strʌ́gl] 動 奮闘する	✕直後に不定詞をとることが多い 名「苦闘、努力」 類 strive, endeavor
adjoining [ədʒɔ́iniŋ] 形 隣接した	類 adjacent 動 adjoin「～に隣接している、近接してる」
meaningful [míːniŋfəl] 形 有意義な、意味のある	✕「名詞＋ful」の単語は、その名詞がたくさんあるイメージの形容詞 fruitful「実りある」insightful「洞察力のある」 反 meaningless「無意味な、無益な」
resolution [rèzəljúːʃən] 名 解像度、決議、決定	例 unanimously adopt a resolution「満場一致で決議を採決する」 関 solution「解決、解決策」
conducive [kəndjúːsiv | -djúː-] 形 貢献する	例 an environment conducive to learning「学びに貢献する環境」→「学びやすい環境」
undermine [ʌ̀ndərmáin] 動 ～を衰退させる	✕「弱める、害する、損なう」など徐々に悪化させるイメージの言葉 反 enhance, strengthen「～を強化する」
mundane [mʌndéin, ́−] 形 ありふれた、日常の、平凡な	✕文脈によってはboring「退屈な」という意味で使われることもある 類 everyday, commonplace, ordinary
recollect 思い出す [rèkəlékt] 集める [riːkəlékt] 動 ～を回想する、思い出す、集める	✕recollect doing「～したことを思い出す」、recollect that SV「SがVしたことを思い出す」の形も押さえる。「～を集める」という意味もある 名 recollection「回想、記憶」

891	普通の手順 a c------- procedure
892	絶縁材を設置する install i-------
893	寄付金を求める s------- donations
894	不振にあえいでいる会社 an a------- company
895	巨大なエジプト建築を鑑賞する appreciate a g------- Egyptian architecture
896	商標を侵害する infringe a t-------
897	親しみやすいフロント係 an a------- receptionist
898	ほこりをそっとふき取る wipe the dust off g-------
899	本に注釈をつける a------- a book
900	軽率な振る舞い i------- behavior

customary [kʌ́stəmèri	-məri] 形 普通の、慣習の	◆It is customary that SV「SがVするのは普通のことである」の形もある 副 customarily「通例、習慣的に」
insulation [insəléiʃən, -sju-] 名 絶縁(材)、断熱(材)	◆断熱や防音、絶縁目的の部材を表す 動 insulate「～を断熱する、絶縁する」
solicit [səlísit] 動 ～を求める、懇願する	関 unsolicited e-mail「求めていないメール」→「迷惑メール」
ailing [éiliŋ] 形 不振にあえぐ	🐼 TOEIC界では、不振にあえぐ会社も業績回復することが多い 動 ail「～を苦しめる、悩ます」
gigantic [dʒaigǽntik] 形 巨大な、莫大な	◆物理的な大きさだけでなく、比喩的にも使われる 例 a gigantic error「とんでもない間違い」 関 giant「巨人な、巨人、巨大企業」
trademark [tréidmà:rk] 名 商標、トレードマーク	🐼 TOEIC界では、trademark (商標) とcopyright (著作権) がよく登場する
approachable [əpróutʃəbl] 形 親しみやすい、近づきやすい	◆従業員の親しみやすさがホテルの格付けに影響する 類 friendly
gently [dʒéntli] 副 そっと、やさしく	例 speak gently「やさしい感じで話す」 形 gentle「やさしい、親切な、穏やかな」
annotate [ǽnətèit] 動 ～に注釈をつける	名 annotation「注釈」 形 annotated「注釈つきの」
imprudent [imprú:dənt] 形 軽率な、思慮に欠ける	◆TOEIC界にも軽率な人は多いが、それで大問題に発展することはない 類 thoughtless 反 prudent「賢明な、思慮深い」

901
比類なき耐久性を持つ
be unparalleled in d--------

902
極めて影響力のある人物
an immensely i-------- figure

903
990人の参加者を数える
n-------- 990 attendees

904
代表団を派遣する
d-------- a delegation

905
一瞬の躊躇
a m-------- hesitation

906
顧客の保持
customer r--------

907
徹底的な研究
e-------- research

908
ライセンスを取り消す
r-------- a license

909
ジャズの熱狂的なファン
jazz a--------s

910
艶やかに刺しゅうされたスカーフ
a brilliantly e--------ed scarf

durability [djùərəbíləti | djùər-] 名 耐久性、耐久力	😊 TOEC界の商品は、軽量性、価格、外観、色、耐久性が重要だ
influential [ìnfluénʃəl] 形 影響力のある	✍ 後ろに来る相性の良い前置詞は「in」 be influential in〜「〜において影響力がある」
number [nʌ́mbər] 動 〜を数える	✍ 名詞の「数、番号」だけではなく動詞もあることを覚えておく
dispatch [dispǽtʃ] 動 〜を派遣する、送る	📖 dispatch an e-mail to〜「〜にメールを送る」
momentary [móuməntèri | -təri] 形 一瞬の、瞬間の	名 moment「瞬間、一瞬」 副 momentarily「一瞬、束の間、すぐに」
retention [riténʃən] 名 保持、記憶、記憶力	📖 be strong in retention「記憶力が良い」 動 retain「〜を保持する、保有する」
exhaustive [igzɔ́:stiv] 形 徹底的な	副 exhaustively「徹底的に」 exhaustively examine「徹底的に調査する」
revoke [rivóuk] 動 〜を取り消す、無効にする	😊 Part 5の語彙問題に出てくるが何故か正解にはならない
aficionado [əfìʃiəná:dou] 名 熱狂的なファン、愛好者	✍ スペイン語由来の単語。Part 7で時折見かける
embroider [imbrɔ́idər] 動 〜に刺しゅうをする	✍ 話を誇張したり、尾ひれをつけたりする、という意味もある、超難単語 名 embroidery「刺しゅう、縫い取り」

911

感謝の気持ちを伝える

c------- one's appreciation

912

国際的に競争力のある

be i------- competitive

913

かなりの増益

a s------- increase in profits

914

一貫性の欠如

the lack of c-------

915

顧客のニーズに対する反応が早い

be r------- to a client's needs

916

長い範囲の道路

a long s------- of road

917

装置を改良する

improve an a-------

918

紛争を仲裁する

i------- in a dispute

919

森林破壊を回避する

avoid d-------

920

急速なスピードで増殖する

p------- at a rapid rate

convey [kənvéi] 動 〜を伝える、伝達する	❊何らかの感情を伝える時に用いられるのは convey, express, communicate, show など。「〜を運ぶ、搬送する」の意味も重要
internationally [intərnǽʃənli] 副 国際的に	❊この単語は、国内だけではなく海外進出している、というキーワードになる
substantial [səbstǽnʃəl] 形 かなりの、十分な、相当な	副 substantially「かなり、相当」 比較級を強調できる副詞 名 substance「物質、実体」
consistency [kənsístənsi] 名 一貫性、一致、調和	形 consistent「一貫した、不変の」 副 consistently「常に、一貫して」
responsive [rispánsiv | -spɔ́n-] 形 反応が早い	❊react quicklyということ。responsible「責任がある」と混同しないようにしよう
stretch [strétʃ] 名 範囲、期間	❊Part 6でよく正解の選択肢となる単語 例 a long stretch of bad weather「長々と続く悪天候」
apparatus [æpərǽtəs, -réi-] 名 器具、装置	❊「車両」の意味もあり、fire apparatusで「消防車両」
intervene [intərvíːn] 動 仲裁する、間に入る	❊他動詞ではなく自動詞であることに注意 名 intervention「仲裁、調停、介入」
deforestation [diːfɔ̀ːristéiʃən] 名 森林破壊、森林伐採	❊森林破壊だけでなくdestruction of the rainforest「熱帯雨林の破壊」も重要トピック
proliferate [prəlífərèit] 動 増殖する、急速に普及する	❊次から次へと増えていくイメージ 名 proliferation「急増、増殖、拡散」

921
適切な目標を決定する

d------- an appropriate goal

922
博識な批評家

a k------- critic

923
複雑な手続きを簡素化する

streamline complex p-------s

924
古くなった裁判所を取り壊す

demolish an old c-------

925
熟練のイラストレーター

a p------- illustrator

926
鮮明で印象的な絵画

a v------- and impressive picture

927
著しい不快を感じる

feel marked d-------

928
新規顧客を惹きつける

l------- a new customer

929
曖昧な回答を避ける

avoid an e------- answer

930
紛争を調停する

r------- a dispute

determine [ditə́ːrmin] **動** ～を決定する、見極める	◈determine whether SV「SがVかどうか判断する」も定番表現
knowledgeable [nάlidʒəbl | nɔ́l-] **形** 博識な、聡明な、精通している	◙ be knowledgeable about medieval literature「中世文学に精通している」
procedure [prəsíːdʒər] **名** 手順、手続き、やり方	☺ どちらかと言えば、単発ではなく、一連の流れを伴う手順、手続きをいう
courthouse [kɔ́ːrthàus] **名** 裁判所	◈裁判所の中にある「法廷」はcourtroomという
proficient [prəfíʃənt] **形** 熟練の	◪ skilled, experienced, practiced, seasoned, adept など ◙ proficiency「熟練、熟達」
vivid [vívid] **形** 鮮明な	◈「生き生きとした」という意味もある a vivid description「生き生きとした描写」
discomfort [diskʌ́mfərt] **名** 不快、不安	**動**「～を不快にする」 ◪ comfort「快適、心地よさ、～を安心させる」
lure [lúər | ljúə] **動** 惹きつける、誘い出す	◈魚釣りの「ルアー」は魚を惹きつける疑似餌のこと ◪ attract, draw
equivocal [ikwívəkəl] **形** 曖昧な、はっきりしない	◪ ambiguous と同様、複数の意味に解釈出来てしまい、曖昧な様子
reconcile [rékənsàil] **動** ～を調停する、和解させる	◈受動態で使われることが多い be reconciled to～「～に甘んじる、満足する」も重要

207

931
お気に入りの曲
a f------- melody

932
傑出した芸術家
an o------- artist

933
大工場を監督する
s------- a large factory

934
従業員に職務の概略を伝える
b------- employees on their duties

935
宝石のような装飾品
o-------s such as jewelry

936
口コミの広告
w------- advertising

937
景気の後退を暗示する
be i------- of recession

938
裏庭を散策する
r------- in the backyard

939
活気のある市場
a b------- market

940
自然に対する観察が鋭い
be o------- of nature

favorite [féivərit] 形 お気に入りの、好みの	関 favorable「好都合な」との違いに注意 名「お気に入り」
outstanding [àutstǽndiŋ] 形 傑出した、未払いの	◈ 外に飛び出て目立っている様子を描写している形容詞 例 outstanding balance「未払い残高」
supervise [súːpərvàiz] 動 ～を監督する、管理する	名 supervision「監督、管理」 関 supervisor「監督者、管理者」
brief [bríːf] 動 ～に概略を伝える、手短に話す	◈ brief 人 on「(人) に事柄の概略を話す」 前置詞 on が重要 形「短時間の、短い、簡潔な」も重要
ornament 名 [ɔ́ːrnəmənt] 動 [ɔ́ːrnəmènt] 名 装飾品	類 accessory で言い換えられることもある 動「～を飾る」 ornament A with B「AをBで飾る」
word-of-mouth [wə́ːrdəvmáuθ] 形 口コミの	◈「口から出る言葉」→「口コミ」でそのままの表現。人づてに伝わる、ということ
indicative [indíkətiv] 形 暗示する、示す	動 indicate「～を示す」 名 indication「指示、暗示」
roam [róum] 動 散策する、歩き回る	類 wander, stroll のほうがよく出るが、これも覚えておきたい。特にこれといった目的もなく、ぶらぶらと歩くイメージ
bustling [básliŋ] 形 活気のある、せわしい	動 bustle「(場所などが) 活気であふれる、せわしく動き回る」 類 vibrant
observant [əbzə́ːrvənt] 形 観察の鋭い、厳守する	☺ Part 5の誤答の選択肢でよく見かける 名 observance「厳守、祝賀」

941

仕事上の知人

a business a--------

942

永続的な（正社員の）職

a p-------- job

943

〜に対する懸念を表明する

v-------- concerns about 〜

944

基本構造

f------- structures

945

貯水池と灌漑施設を造る

build r------- and irrigation systems

946

大学の学部生

a university u--------

947

食用の花

e-------- flower

948

頑固な汚れを取り除く

remove s-------- stains

949

即興で受諾演説をする

i-------- an acceptance speech

950

データの完全性を保証する

ensure the i-------- of data

---

acquaintance [əkwéintəns] 名 知人、知識	●friend「友人」とは異なり、親密な関係にはない知人のこと 動 acquaint「～に精通させる、～と知り合いにさせる」
permanent [pə́:rmənənt] 形 永続的な、常設の	例 a permanent exhibition「常設の展示」 反 temporary「一時的な」 副 permanently「永久に、恒久的に」
voice [vɔ́is] 動 ～を表明する、声に出す	動 動詞であることが重要。直後には気持ちや意見を表す名詞が置かれる
fundamental [fʌ̀ndəméntl] 形 基本的な、根本的な	●the most basic and importantということ 副 fundamentally「基本的に、根本的に」
reservoir [rézərvwɑ̀:r] 名 貯水池	●「宝庫」の意味もある a reservoir of knowledge「知識の宝庫」
undergraduate [ʌ̀ndərgrǽdʒuət] 名 学部生、大学生	●「大学院生」は postgraduate または graduate という。TOEICには両方出る
edible [édəbl] 形 食用の、食べられる	●美味しいかどうかは別として、食用に適しているという意味 反 inedible「食べられない」
stubborn [stʌ́bərn] 形 頑固な、断固とした	●生来持っている性質、元来の性質としての頑固さを表している 例 a stubborn faith「断固とした信念」
improvise [ímprəvàiz] 動 ～を即興でやる	●準備なしの状態で何かをすること 形 improvised「即興の」= impromptu
integrity [intégrəti] 名 完全性、統一性、誠実、高潔	例 a man of great integrity「非常に誠実な男性」

951
大雪を予想する
f------- a heavy snowfall

952
最大100人のゲストを収容する
accommodate a m------- of 100 guests

953
海外出張もいとわないこと
w------- to travel internationally

954
専門家と協力して働く
work in c------- with experts

955
月次ミーティングの司会をする
o------- at monthly meetings

956
段階的な個別指導
step-by-step t-------s

957
通信網を統合する
i------- the communications network

958
退屈な仕事を我慢する
tolerate a t------- job

959
比類なき美しさを誇る
boast i------- beauty

960
並外れた正確さ
u------- accuracy

forecast	名 「予想、予測、予報」
[fɔ́ːrkæ̀st, -kɑ̀ːst ǀ -kɑ̀ːst] 動 〜を予想する、予測する	類 predict, foresee, speculate, anticipate

maximum	反 minimum 「最小限」
[mǽksəməm] 名 最大限	last a minimum of two weeks 「最低2週間続く」

willingness	形 willing 「いとわない、進んでやる」
[wíliŋnis] 名 いとわないこと、進んでやること	be willing to be cooperative 「進んで協力する」

conjunction	例 in conjunction with other fields 「他分野との関連で」
[kəndʒʌ́ŋkʃən] 名 協力、共同、結合、関連	

officiate	※司会を務める意味の単語は頻出するが、そのひとつ
[əfíʃièit] 動 司会をする、職務を果たす	類 chair, preside, moderate

tutorial	※「チュートリアル」と日本語としても定着している
[tjuːtɔ́ːriəl ǀ tjuː-] 名 個別指導、指導書	「指導書」の意味での類義語は instruction, guide

integrate	※integrate A with B 「AとBを統合する」
[íntəgrèit] 動 〜を統合する、組み入れる	integrate A into B 「AをBに組み入れる」

tedious	※求人広告の冒頭に出てくる
[tíːdiəs] 形 退屈な	Don't want to tolerate a tedious job. 「退屈な仕事を我慢したくないですよね」

incomparable	※be incomparable to/with 〜 「〜とは比較にならない」
[inkámpərəbl, inkəmpǽrəbl ǀ -kɔ́m-] 形 比類なき、比較にならない	

uncanny	類 extraordinary, striking, exceptional, remarkable, incredible
[ʌ̀nkǽni] 形 並外れた、優れた	「超自然的な、神秘的な」という意味もある

961
インターネットアクセスが利用できること
a-------- of Internet access

962
様々なアプローチをしてみる
try d-------- approaches

963
案内係を務める
serve as an u--------

964
オンタリオ州
the p-------- of Ontario

965
可能な解決策を論議する
discuss possible s--------s

966
提案を撤回する
w-------- a proposal

967
群衆を分散させる
d-------- a crowd

968
満点を獲ると誓う
v-------- to achieve a perfect score

969
可燃性物質
c-------- materials

970
卓越したアイデアを思いつく
conceive a s-------- idea

availability [əvèiləbíləti] 名 利用(入手)できること、可能性、都合	反 unavailability 「利用できないこと、入手困難、空いていないこと」
different [dífərənt] 形 様々な、種々の	※「AとBが異なる」という意味だけではないことに注意。多種多様な、ということ
usher [ʌ́ʃər] 名 案内係	※発音に注意！ リスニングにもリーディングにもよく出る 動「〜を案内する」
province [právins | próv-] 名 州、領域	※「領域」という意味も重要 例 the province of literature 「文学の領域」
solution [səlúːʃən] 名 解決(策)	※「解決策」という意味で使われることが多いが、「溶液」という意味でも Part 7 に稀に出る
withdraw [wiðdrɔ́ː, wiθ-] 動 〜を撤回する、引き出す	例 withdraw a deposit 「預金を引き出す」 名 withdrawal「撤回、(預金の)引き出し、退会」
disperse [dispə́ːrs] 動 〜を分散させる、広める	※中心部から周囲にまき散らしていくイメージ 例 disperse knowledge 「知識を広める」
vow [váu] 動 〜を誓う	✿ この本を買ってくださった方の気持ちを込めてみた ※vow to do「〜すると誓う」、vow that SV「SがVすると誓う」 名「誓い、誓約」
combustible [kəmbʌ́stəbl] 形 可燃性の	名 combustibles「可燃物」 類 flammable 反 incombustible「不燃性の」
sublime [səbláim] 形 卓越した、素晴らしい、崇高な	※非常にスマートな響きのある単語 名「崇高、壮大、高尚」

971

注意する

e------- caution

972

準備期間に

during the p------- period

973

厳選した食材のみを使う

use only s------- ingredients

974

賠償責任を負う

assume l------- for compensation

975

頑丈な靴底

a sturdy s-------

976

成功を熱望している

be z------- for success

977

芸術的才能

an artistic a-------

978

全くの偶然から

by s------- coincidence

979

絶望的な状況にある

be in d------- trouble

980

動かないでいる

remain s-------

exercise [éksərsàiz] 動 〜を使う、発揮する	✖ exercise caution = use caution このコロケーションは、何度も出ているので必ず覚えておこう
preparatory [pripǽrətɔ̀ːri | -təri] 形 準備の、予備の	動 prepare「〜の用意をする、準備をする」 名 preparation「用意、準備」 類 preliminary
select [silékt] 形 厳選した、優良な	✖ 動詞「〜を選ぶ」だけでなく形容詞の用法もあると覚えておくことが大事
liability [làiəbíləti] 名 責任、義務	✖ responsibility や accountability と異なり、法的な責任を意味する
sole [sóul] 名 靴底	形「唯一の、たった一つの」も重要 副 solely「〜だけ」
zealous [zéləs] 形 熱望した、熱心な	名 zeal「熱意、熱心、熱中」 類 passionate, enthusiastic
aptitude [ǽptət/ùːd | -tjúːd] 名 才能、素質、習性	類 gift, talent, flair ✖ この類の単語の後ろに来る前置詞は「for」が多い
sheer [ʃíər] 形 全くの、完全な、純粋の	例 by sheer repetition「純粋な繰り返しで」→「ひたすら繰り返して」
desperate [déspərət] 形 絶望的な、深刻な、必死の	✖ 回復の見込みが極めて少ない状態。後ろに不定詞をとると be desperate to do「必死に〜しようとする」という意味になる
stationary [stéiʃənèri | -ʃənəri] 形 動かない、安定している	😀 Part 5の誤答選択肢で見かける単語。stationery「文房具」と間違えないこと

981
素晴らしい景観を誇る
b------- a gorgeous view

982
防水加工の上塗り
a waterproof c-------

983
革命的な大進歩を遂げる
achieve a r------- breakthrough

984
何の不満もなく
without any d-------

985
同じ色でもっと暗い色合い
darker s------- of the same color

986
耐えられる状況下で
in a t------- situation

987
勢いを取り戻す
recover the m-------

988
全く非現実的な考え
a w------- impractical idea

989
悪天候が心配だ
be a------- about the inclement weather

990
賢明な忠告
s------- advice

boast [bóust] 動 〜を誇る	※他動詞だけでなく、自動詞で「boast of」も同じ意味で使われる
coating [kóutiŋ] 名 上塗り、コーティング	※塗装や上塗りによる仕上げのこと 動 coat「〜の表面を覆う」
revolutionary [rèvəlúːʃənèri | -ʃənəri] 形 革命的な	名 revolution「革命、大改革」 the French Revolution「フランス革命」
dissatisfaction [dìssætisfǽkʃən] 名 不満、不平	形 dissatisfactory「不満足な」 動 dissatisfy「〜に不満を抱かせる」
shade [ʃéid] 名 色合い、色調	※商品のサンプルなどを見て、「もう少し落ち着いた色合いがよい」などと言う。「木陰、日陰」の意味も
tolerable [tálərəbl | tɔ́l-] 形 耐えられる、我慢できる	動 tolerate「〜に耐える、我慢する」 反 intolerable, untolerable「我慢のならない」
momentum [mouméntəm, mə-] 名 勢い	※コロケーションとして相性の良い動詞はgain, gather, maintain, keep, developなど
wholly [hóuʎli] 副 全く、完全に	※類義語は多数ある 類 totally, completely, absolutely, utterly, entirely, fully
apprehensive [æprihénsiv] 形 心配している	動 apprehend「〜を心配する、理解する」 名 apprehension「心配、理解（力）」 関 apprehensible「理解できる」
sensible [sénsəbl] 形 賢明な、思慮深い	※be sensible of〜「〜に気づいている、分かる」 名 sensibility「知覚能力、完成」

991
創立者かつ前社長

f------- and former president

992
豊富な収穫

an abundant h-------

993
副作用を緩和する

l------- a side effect

994
非常に貴重な経験

p------- experience

995
家具一式

a s------- of furniture

996
最も重要である

be of u------- importance

997
断固とした姿勢

a r------- attitude

998
字幕付きの映画を観る

watch a film with s-------s

999
要点を繰り返し言う

i------- a point

1000
健康に良い自然食品

w------- and natural food

founder [fáundər] 名 創立者、創設者	😺 Part 7のarticleに出まくる。役職名なので冠詞がつかないことが多い
harvest [há:rvist] 名 収穫、収穫高	動「～を収穫する、刈り取る」 harvest crops「作物を収穫する」
lessen [lésn] 動 ～を緩和する、減少させる	✖lesson「授業」と発音が同じなので、リスニングでは注意！ 類 decrease, reduce, diminish
priceless [práislis] 形 非常に貴重な	✖price「価格」+ less「～がない」ではなく、「価格がつけられないほど貴重な」という意味
suite [swí:t, sú:t] 名 一式、一組	✖「一揃えの」という意味がある。複数ある場合には「several suites of～」となる。勿論、ホテルのスイートルームの意味もある
utmost [átmòust] 形 最大限の、最高の	✖この単語自体が最上級の意味を表しているので、比較級も最上級もない
resolute [rézəljù:t] 形 断固とした、毅然とした	✖固く決心していて揺るぎない様子を表す単語 副 resolutely「断固として、毅然として」
subtitle [sÁbtàitl] 名 字幕、副題	😺 TOEIC学習を始めた頃、「字幕」の意味を知らずに苦戦したことがある 例 a subtitle of a book「本の副題」
iterate [ítərèit] 動 ～を繰り返し言う、反復する	例 iterate the same experiment「同じ実験を繰り返す」
wholesome [hóulsəm] 形 健康に良い、健全な	😺 健康第一で、2時間200問を乗り切る体力を養いたい 類 healthy, healthful

🐼 覚えるカタマリ

　英単語をどういうユニットで覚えていくかということです。大別すると３つあります。英単語だけで覚える。英単語をフレーズとして覚える。英単語を英文の中で覚える。この３つです。

　この３つにはそれぞれ一長一短ありますが、最も実践的なのは実際に出会った英文の中で覚えることでしょう。しかしながら、この方法は最も時間がかかります。忙しい社会人や主婦の皆様には、はっきり申し上げて不向きです。

　また、英単語だけ日英対訳で覚えるというのは、昭和の頃、最も推奨されていた古式ゆかしき方法なのですが、あまりお勧めはできません。実際の使われ方が分からず、結局は、実際に英文で出会った時に調べなくてならないからです。

　この中間に位置するのが、本書が採用しているフレーズ記憶ですね。本書は幾つかの例外を除き、英文ではなく、短いフレーズを採用しています。最小の努力で、と言うと聞こえが悪くなりますが、最も効率的に単語の意味とその使い方の例を学べるスタイルにしてあります。

　例えば、advocate「他動詞 支持する」という情報だけ頭にインプットするより、advocate a free market「自由市場を支持する」と脳に刻み込んだほうが実践的だからです。かと言って、英文にすると、いきなりハードルが高くなって、リズミカルにたくさん覚えることが困難になります。

　読者の皆様は、本書を手に取っているわけですから、自動的にフレーズ記憶の方法を選択したことになります。英文じゃなくて大丈夫なの？ と危惧する必要はありません。本書で覚えた単語は、これから皆様が読む TOEIC の英文で必ず出会います。そういう単語だけを集めました。

Index

D

🚌 記録表

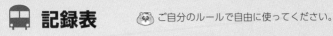

😊 ご自分のルールで自由に使ってください。

	1回目		2回目		3回目		4回目	
Round 1	月 日 / / /	A B C S	月 日 / / /	A B C S	月 日 / / /	A B C S	月 日 / / /	A B C S
Round 2	/ / /	A B C S	/ / /	A B C S	/ / /	A B C S	/ / /	A B C S
Round 3	/ / /	A B C S	/ / /	A B C S	/ / /	A B C S	/ / /	A B C S
Round 4	/ / /	A B C S	/ / /	A B C S	/ / /	A B C S	/ / /	A B C S
Round 5	/ / /	A B C S	/ / /	A B C S	/ / /	A B C S	/ / /	A B C S

5回目		6回目		7回目		8回目		9回目	
月 日	A	月 日	A	月 日	A	月 日	A	月 日	A
/	B	/	B	/	B	/	B	/	B
/	C	/	C	/	C	/	C	/	C
/	S	/	S	/	S	/	S	/	S
/	A	/	A	/	A	/	A	/	A
/	B	/	B	/	B	/	B	/	B
/	C	/	C	/	C	/	C	/	C
/	S	/	S	/	S	/	S	/	S
/	A	/	A	/	A	/	A	/	A
/	B	/	B	/	B	/	B	/	B
/	C	/	C	/	C	/	C	/	C
/	S	/	S	/	S	/	S	/	S
/	A	/	A	/	A	/	A	/	A
/	B	/	B	/	B	/	B	/	B
/	C	/	C	/	C	/	C	/	C
/	S	/	S	/	S	/	S	/	S
/	A	/	A	/	A	/	A	/	A
/	B	/	B	/	B	/	B	/	B
/	C	/	C	/	C	/	C	/	C
/	S	/	S	/	S	/	S	/	S

著者紹介

藤枝 暁生 (ふじえだ・あきお)

1963年東京都生まれ。1986年中央大学法学部法律学科卒。大学卒業と同時に損害保険会社に入社、現在は、SOMPOリスクマネジメントに勤務しており、企業向けのコンサルタントとして、主に自然災害のリスクアセスメントを担当。TOEIC® L&Rテストは、2007年3月から100回以上の連続受験を継続中。2014年4月、独学で990点満点を取得。以後、数々の学習会を主催し、講師としてTOEICの学習指導を続けている。著書に『TOEIC® L&Rテスト 860点奪取の方法』(旺文社)『サラリーマン居酒屋放浪記』『サラリーマンのごちそう帖』(小社)。

TOEIC® L&R TEST 上級単語特急
黒のフレーズ

2020 年 9 月 30 日　第 1 刷発行
2024 年 12 月 10 日　第 7 刷発行

著　者	藤枝 暁生
発行者	宇都宮 健太朗
装　丁	川原田 良一
本文デザイン	コントヨコ
似顔絵イラスト	cawa-j ☆ かわじ
印刷所	大日本印刷株式会社
発行所	朝日新聞出版

〒 104-8011　東京都中央区築地 5-3-2
電話 03-5541-8814（編集）　03-5540-7793（販売）
© 2020 Akio Fujieda
Published in Japan by Asahi Shimbun Publications Inc.
ISBN 978-4-02-331912-7
定価はカバーに表示してあります。
落丁・乱丁の場合は弊社業務部（電話 03-5540-7800）へご連絡ください。
送料弊社負担にてお取り替えいたします。